跨文化视角下
对外汉语教学理论与实践

程议莹　著

中国建材工业出版社
北　京

图书在版编目（CIP）数据

跨文化视角下对外汉语教学理论与实践/程议莹著
. --北京：中国建材工业出版社，2023.11
ISBN 978-7-5160-3884-0

Ⅰ. ①跨… Ⅱ. ①程… Ⅲ. ①汉语－对外汉语教学－教学研究 Ⅳ. ①H195.3

中国国家版本馆 CIP 数据核字（2023）第 222333 号

跨文化视角下对外汉语教学理论与实践
Kuawenhua Shijiaoxia Duiwai Hanyu Jiaoxue Lilun yu Shijian
程议莹　**著**

出版发行：中国建材工业出版社
地　　址：北京市海淀区三里河路 1 号
邮　　编：100044
经　　销：全国各地新华书店
印　　刷：北京传奇佳彩数码印刷有限公司
开　　本：787mm×1092mm　1/16
印　　张：9.75
字　　数：132 千字
版　　次：2024 年 5 月第 1 版
印　　次：2024 年 5 月第 1 次
定　　价：59.80 元

本社网址：www.jccbs.com，微信公众号：zgjcgycbs

前言

我国的文化历史十分悠久，其中蕴含着极其丰富的文化底蕴。文字是文化的主要载体，外国学生可以通过对汉语的学习来深入地了解我国的文化。伴随着时代经济的快速发展，全世界已经被连接成了一个整体。因此，我们需要通过对外的汉语教学让各国的人民了解中国的文化，从而有效避免跨文化交流中的沟通障碍。

对外汉语教学在文化交际和传播中起着重要的作用，对外汉语教学不仅是一种汉语教学行为，还是一种跨文化交际的行为。在跨文化视角下研究对外汉语教学，不仅能够促进外国学生对中国文化的学习，也有利于加强文化交流，推动我国文化走出国门，走向世界的舞台。对外汉语教师作为传播中国文化的直接实践者，跨文化交际能力是其自身的重要教学素质。在具体的教学活动中，教师要借助语言来扫除文化交际中的障碍，注重文化输出的内容和方式，不断丰富与更新文化知识，以更好地传播中国文化。

本书是一本关于跨文化视角下对外汉语教学理论与实践方面的书籍，首先对对外汉语教学进行概述，然后依次对跨文化视角下对外汉语词汇教学、跨文化视角下对外汉语语言技能教学、跨文化视角下对外汉语教学模式、跨文化视角下的对外汉语远程教学等内容进行探究。本书论述严谨，结构合理，条理清晰，内容丰富新颖，具有前瞻性，其不仅能够为对外汉语教学提供翔实的理论知识，同时能为跨文化视角下对外汉语教学理论与实践的深入研究提供借鉴。

在本书的策划和写作过程中，笔者曾参阅了大量的文献和资料，在此向其作者致以衷心的感谢！本书的选材和写作还有一些不尽如人意的地方，加上笔者学识水平和时间有限，书中难免存在不足之处，敬请广大读者批评指正，以便进一步完善。

目录

第一章　对外汉语教学概述

第一节　对外汉语教学的学科地位和学科属性

对外汉语教学是一门科学，也是一个学科。当我们衡量一个学科是否具有独立的资格时，首先要看它有无独特的研究对象，其次要看它有无独特的研究方法，再次要看它有无独特的科学体系，最后要看它有无独特的研究成果。综观对外汉语教学的全过程及其历史沿革，人们会发现，对外汉语教学是一门独立的学科的论断绝非主观臆造，是有充足的科学根据的，它确实有其多方面的独特之处。

自 1978 年提出“对外汉语教学”学科名称以来，对外汉语教学的学科地位与学科属性一直是学界讨论的热门话题。学界对对外汉语教学从各个角度、各个层面对学科的基本属性及学科地位进行了深入的探讨。学者们一直认为，对外汉语教学作为学科的基本属性，显而易见地应属于语言学范畴，更确切地说是属于应用语言学范畴。

按照 1993 年 7 月国家教育委员会高等教育司颁布的《普通高等学校本科专业目录和专业简介》的学科门类划分标准，对外汉语教学属于同汉语言并列的、二级类中国语言文学类之上的独立专业。后来经调整中国语言文学为一级学科，下设语言学及应用语言学，其中的应用语言学就是为对外汉语教学找到一个生长点。对外汉语教学隶属于语言学及应用语言学门下，学科归属不言自明。

再看研究对象，顾名思义，对外汉语教学的研究对象就是对外国人的汉语教学，也就是对外汉语教学的全过程以及与此相关的各种内部联系和外部关系。因此应该说，对外汉语教学的学科性质是一种第二语言教学，又是一种外语教学，归属于应用语言学。对外汉语教学既是第二语言教学，又是外语教学，这两个概念虽然有差别，但出于汉语的习惯，我国学者把汉语作为第二语言教学定名为“对外汉语教学”。

只有延续多年来对对外汉语教学的学科定位，对外汉语教学才能沿着正确的轨道向前发展，对外汉语教学研究也才能显示独立的研究成果。目前我国已有人建议，把“语言学”列为一级学科，而语言教学是其下属学科应用语言学的重要分支学科。回顾历史，19 世纪初，语言理论方面的研究与语言应用方面的研究开始分化。可以说，语言教学，它是应用语言学中最古老的一个分支，但语言教学成为一个独立学科还是近几十年的事，也有人说有了上百年的历史。戴维·克里斯特尔（David Crystal）所编《现代语言学词典》认为，应用语言学“主要关心的是如何应用语言学理论、方法和成果来阐释其他经验领域遇到的语言问题。应用语言学发展最充分的分支是外语教学，有时这个名称似乎只指这个领域。但是近年来，出现了好几个其他应用领域，包括语言故障的语言学分析（临床语言学）、母语教育中的语言使用（教育语言学）、词典学的发展、翻译和风格学等”。

这就是说，狭义的应用语言学是以语言教学为对象的应用学科。这里的语言教学，特指外语教学。我们还特别注意到，只有母语教育中的语言使用，才是“教育语言学”范围内的事。

于是，我们可以为应用语言学（语言教学）绘出中国的应用语言学谱系图（如图 1—1）。

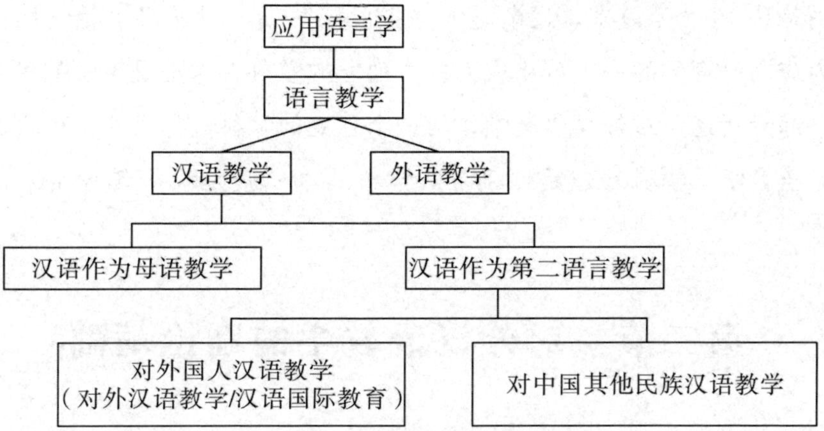

图 1—1　应用语言学谱系图

这样，我们就找准了对外汉语教学所处的位置，为对外汉语研究的学术定位打下扎实、稳妥的基础。

从事对外汉语教学，自然要对教学中的各种现象进行研究，严格讲来，这并非学科建设，作为学科的对外汉语研究，是要探讨对外汉语教学中有可能严格体系化的那个部分。也就是说，对外汉语教学研究，尤其应该探讨对外汉语教学中的一般原则、方法和规律，以建立自身的科学研究体系。

在我国，汉语作为语言教育大致可分为三种：对汉民族本族人的汉语教育称作“语文教育”；对中国其他民族的汉语教育称作“双语教育”；对母语非汉语的外国人及海外华人、华侨的汉语教育称为“汉语国际教育”。语文教育、双语教育和汉语国际教育，统称汉语教育。三种汉语教学的共同点在于目的语均为汉语，不通点在于教学对象不同。如果再加上外语教学，共四种语言教学，其共同之处则是均为语言教学。四种语言教学的不同之处在于教学内容不同、教学对象不同、教学性质与特点不同、教学目的不同、教学环境不同和教学策略不同。因此，这四种语言教学在研究层面上既有共同点，也有各自的特异之处。目前，学术界普遍认为，我国对外汉语教学研究还有待于继续深入，研究水平也需要不断提升。但是，无论怎么说，对外汉语教学从 80 年代，特别是从1992年以来，逐渐进入蓬勃发展时期，对外汉语教学已逐渐作为应用语言学的一个分支成为一个独立的学科，这也是不争的事实。

综上所述，对外汉语教学作为一个独立的学科，它隶属于语言学及应用语言学，学科地位是明确的，学科的本质就是汉语作为第二语言教学。

第二节　对外汉语教学的理论基础

理论是学科的立足之本，任何一门学科的形成与发展都必须有属于自己的学科理论作支持，对外汉语教学也不例外。对外汉语教学理论是对外汉语教学建设和实践的重要指导，并且影响着对外汉语教学实践的最终效果。

对外汉语教学是一门综合运用多种学科理论的交叉学科，因而其理论基础具有跨学科性。也就是说，对外汉语教学的理论基础是由众多的学科理论基础构成的，其中较为重要的有以下几个。

一、哲学

对于对外汉语教学来说，哲学是其最为深厚的理论基础。哲学对对外汉语教学的影响，主要表现在以下几个方面。

第一，哲学为人们认识对外汉语的习得过程以及对外汉语教学过程的本质提供了认识论基础。

第二，对外汉语教学中出现的各种矛盾需要在哲学的指导和帮助下进行有效解决。比如，在哲学的指导下，教师能够对对外汉语教与学的关系进行有效处理。

第三，哲学为对外汉语教学研究、教学实验等提供了一定的方法论指导。

二、心理学

心理学是一门侧重于对心理现象及其规律进行研究的科学，对语言教学活动（涉及语言学习者心理活动）的研究与开展、语言教学质量和效率的提高等都有着重大的影响。从这一角度来说，心理学也是对外汉语教学的重要理论基础。具体来说，心理学对对外汉语教学的影响体现在以下几个方面。

第一，在开展对外汉语教学时，教师要想更科学、更富有成效地培养对外汉语学生获得语言知识、语言技能和语言交际技能，必须借助于心理学中关于人们获得语言知识、掌握语言技能的过程与规律的相关研究成果。

第二，在开展对外汉语教学时，教师只有借助于心理学的相关研究成果，才能有效地把握对外汉语学生在母语习得和对外汉语习得中的不同过程及其在习得汉语时的特点，并以此为依据设计教学内容、教学计划等，使对外汉语教学更加符合客观规律，继而取得最佳的教学效果。

第三，心理学是对外汉语教学法得以产生的重要基础。比如，行为主义心理学的刺激—反应学说是对外汉语教学的听说法得以产生的心理学基础。

三、语言学

语言学教授吕必松先生曾经说过："如果没有语言学的研究成果，语言教学就寸步难行。"由于对外汉语教学是语言教学的一种，因而对于对外汉语教学来说，语言学也是非常重要的一个理论基础。语言学有着众多分支学科，包括普通语言学、汉语语言学、理论语言学、功能语言学、社会语言学、结构语言学、心理语言学、应用语言学等，它们的研究成果都对对外汉语教学起着重要的作用。在这里，着重分析一下普通语言学、汉语语言学、社会语言学、心理语言学和应用语言学对对外汉语教学的作用。

（一）普通语言学与对外汉语教学

普通语言学对语言的产生、语言的发展历史、语言的性质、语言的功能、语言的特点、语言的构成要素、人们运用语言的听说读写能力等进行了科学而深入的认识、分析与研究，并取得了重要的研究成果。借助于这些研究成果，我们便能对外汉语教学的目的和一般教学规律进行科学认知与准确把握，继而确保对外汉语教学取得较高的成效。

1. 普通语言学对对外汉语教学的影响

具体来说，普通语言学对对外汉语教学的影响表现在以下两个方面。

第一，普通语言学深入研究和探讨了语言的本质、语言的特点内容，而其研究成果，从某种程度上来说就是进行对外汉语教学理论和教学方法研究的重要依据和指导。

第二，普通语言学对语言事实的描写和研究，是对外汉语教学具体活动开展的重要依据。

2. 对外汉语教学对普通语言学的影响

对外汉语教学的研究与实践对普通语言学的发展有着一定的能动作用。具体来说，对外汉语教学有自己独特的研究对象和研究方法，透过其研究成果，普通语言学能够对自己的研究领域进行有效拓展。

（二）汉语语言学与对外汉语教学

对外汉语教学与汉语语言学虽然是两个不同的分支学科，但它们都以汉语言为教学内容，因而二者之间有着十分密切的关系。从语法方面来说，汉语语法研究的相关内容能够对对外汉语教学特别是对外汉语语法教学的开展提供直接或间接的指导；而对外语教学对汉语语法研究成果需求的不断增多，会进一步推动汉语语法研究的不断深入，并进一步探讨如何针对外国人学习汉语的特点和难点更有效地开展语法教学。也就是说，对外汉语教学和汉语语言学之间存在着相互影响、相互促进的关系。

此外，对于从事对外汉语教学的教师来说，只有具有扎实的汉语语言学理论基础，才能更有效地开展对外汉语教学。

(三) 社会语言学与对外汉语教学

社会语言学侧重于对语言的社会性进行研究，着重对语言和文化、职业的关系进行揭示，从而为交际法（即以语言功能项目为纲，培养在特定的社会语境中运用语言进行交际能力的一种教学法体系）的产生与发展奠定了重要基础。

在当前，交际法是影响最大的一种第二语言教学法，对外汉语教学也深受交际法的影响。从这一角度来说，社会语言学对对外汉语教学有着重要的影响。

(四) 心理语言学与对外汉语教学

心理语言学将语言学和心理学进行了有机融合，其研究从整体上来看主要集中在三个方面：第一，言语的产生、理解和获得的规律；第二，人类学习、使用语言的行为和言语活动的心理过程以及二者之间的相互关系；第三，幼儿对母语的习得与学生学习外语之间的共性和特性。同时，心理语言学的相关研究成果表明，每个人的第一语言都是在一岁半至六岁之间随着发育成长而并在周围环境的作用下自然获得的，这就叫“语言习得”；外语学习通常在正式的场合下进行，并且学习有快有慢、有成有败，存在着明显的个性差异，不像母语那样能够习得，这就叫“语言学习”。此外，学生在进行学习时，会使用不同的学习方法。对此，教师不必强求一致，并且要注意因材施教。

借助于心理语言学研究的相关成果，对外汉语教学的研究者和实践者能够对外国人学习汉语的心理过程和外国人在学习汉语时存在的个性差异进行有效把握，继而更有针对性地进行对外汉语教学的研究与教学工作。

（五）应用语言学与对外汉语教学

在当前，很多学者都认为对外汉语教学是应用语言学的下位学科。应用语言学是一门年轻但充满活力的学科，主要研究将各种语言学的理论、方法和成果应用于其他同语言有关的学科，为这些学科提供研究的方向和可能解决问题的办法等。

对于对外汉语教学来说，科学运用应用语言学的相关研究成果，可以更好地探索适合自己的教学法。同时，对于对外汉语教学的研究与实践，又能推动应用语言学的不断发展。

四、教育学

教育学跟语言教学的关系最为直接，最为密切。课堂教学的方法、技巧和手段，主要是教育学问题。由于对外汉语教学是语言教学的一个重要分支，因而教育学是对外汉语教学的理论基础中不可或缺的一个。

（一）教育学对对外汉语教学的影响

教育学对对外汉语教学有着十分重要的影响，具体来说体现在以下几个方面。

第一，教育学主要是对教育原理和教育规律（如教育目的、教育方针、教育管理等）进行研究的一门学科，而其中的重要组成部分——教学论则侧重于对教学原理和教学规律（如教学方法、教学过程、教学原则、教学内容等）进行研究。对于包括对外汉语教学在内的语言教学来说，只有遵循教育规律和教学规律开展教学活动，才能确保教学活动获得成效。

第二，教育学的相关研究成果，对于对外汉语教学制定教学大纲、设计教学课程、编写教材、设计教学方法等具有重要的指导作用。

第三，教育学是对外汉语教学法流派产生的重要基础，即随着新教育理念的出现，对外汉语教学法流派将不断得到丰富。

第四，教育学是对外汉语教学观念和方法变革的重要依据，即随着新的教育理念、教育技术和教育方法的出现，对外汉语教学的理念和方法也会发生一定的变化。

（二）对外汉语教学对教育学的影响

对外汉语教学在汉语作为第二语言教学的教育作用和教育目的、汉语作为第二语言教学的基本原则和教学方法、汉语作为第二语言学习的学习者心理、汉语作为第二语言教学的教学过程、汉文化教学等方面取得了十分重要的研究成果。而这些研究成果，将对教育学的不断完善与发展起到极其重要的作用。

五、文化学

文化是一个有着丰富内涵的概念，而语言是文化的载体，即语言中包含着文化因素。因此，语言和文化是紧密相连。在其影响下，对外汉语教学中必然包括一定的文化因素。此外，对外汉语教学是一种跨文化教学，对外汉语学生日后以汉语为工具从事的交际活动也是跨文化的交际活动。因此，在进行对外汉语教学时，必须包含与汉语有关的文化知识和文化因素。也就是说，在进行对外汉语教学时，必须以一定的文化学理论为理论基础。

在进行对外汉语教学时，必须高度重视汉文化。汉文化在几千年的发展历程中形成了博大精深的文化内涵，而汉语是承载汉文化的重要载体。同时，外国人只有在深入学习、理解和掌握汉文化的基础上，才能真正地掌握汉语，在不同的场合更加准确地运用汉语进行交际。

虽然说外国人是对外汉语教学的主要对象，但这些外国人并非来自相同的国家和文化圈，因此，他们之间也有一定的差异。针对这种情况，在进行对外汉语教学时，还需要对外国人的文化背景进行深入了解，明确该文化与中国文化的区别，并在比较中对外国人进行汉语知识和文化的教学。

第三节　对外汉语教学的性质和特点

对外汉语教学经过多年的发展，已经呈现出自己独特的性质，并形成了自己的特点。

一、对外汉语教学的性质

对外汉语教学呈现出自己独特的性质，具体分为下列几点。

（一）对外汉语教学是语言教学

教授语言是语言教学最为根本的任务，而让学生掌握汉语这一交际工具则是对外汉语教学的主要目的。语言教学所教授的是语言运用的技能，即让学生掌握语言这一交际工具，培养他们运用语言进行交际的能力，而不是语言学的知识和理论。但是，这并不意味着在进行语言教学时不必涉及语言知识和语言规律，而是说所涉及的语言知识和语言规律的教学要有利于学生语言运用能力的提升。因此说，对外汉语教学是语言教学。

对于对外汉语教学的这一性质，很多对外汉语教师并没有形成深入认知，从而导致在具体开展对外汉语教学时运用高校中文系讲授语言学的方法对汉语的语法知识、词汇知识等进行讲授。由于这种方式与语言教学的规律是相违背的，因而往往成效甚微。为改变这一情况，对外汉语教师必须深入理解对外汉语教学作为语言教学的性质，并注意在教学内容、教学方法等方面与语言学教学相区别。

（二）对外汉语教学是第二语言教学

对外汉语教学的这一性质，有效地区分了对外汉语教学以及汉语作为母语的语文教学之间的差异。

一般来说，母语教学在开展时，学生已经初步或基本掌握了汉语的一些基本技能，如听、说、读、写等，并能熟练地运用所掌握的汉语知识进行母语交际。也就是说，母语教学需要在学生具备一定汉语知识和技能的基础上进行，其着重点是不断提升学生运用母语的能力，不断提高学生的道德品行、文学修养等。

与母语教学不同，对外汉语教学的学生没有任何的汉语知识，既不能对汉语进行听、说、读、写，也缺乏与汉语相关的社会、文化背景知识，甚至从未接触过汉语。他们要学习汉语，需要从最基础的发音、说话学起。针对这一情况，教师在进行对外汉语教学时，必须充分考虑到学生的特点，并以此为依据制定有针对性的教学方法、原则等。从这一角度来看，对外汉语教学是不同于第一语言教学的第二语言教学。

(三) 对外汉语教学是汉语作为第二语言的教学

对于对外汉语教学来说，最主要的教学内容便是汉语。因此，教师在进行对外汉语教学时，既会受到第二语言教学普遍规律的制约，又会受到汉语自身规律以及汉文化的制约。这就决定了对外汉语教学是不同于英语、法语、俄语、日语等作为第二语言的教学。事实上，汉语与其他的语言特别是西方语言相比，在语音、语法、词汇、汉字等方面都呈现出鲜明的特色。

(四) 对外汉语教学是针对外国人的第二语言教学

外国人是对外汉语教学最主要的教学对象，从这一角度来说，对外汉语教学就是针对外国人的第二语言教学。

对外汉语教学的这一性质，使得它明显不同于以汉语作为第二语言的我国其他民族汉语教学。具体来说，我国其他民族是在中华文化的影响下成长起来的，因而在对汉语进行学习和使用时不会面临太大的民族文化差异；而外国学生的母语文化与我国文化的差异通常是比较大的，因而其在学习、使用汉语的过程中很容易遇到一些问题或障碍。针对这种情况，在开展对外汉语教学时要想取得成效，必须切实针对外国学生的文化特点。

二、对外汉语教学的特点

对外汉语教学的特点，具体来说有以下几个。

（一）独立性

对外汉语教学的独立性特点，主要指的是对外汉语教学是一门独立的学科。正如陆俭明所说："对外汉语教学从80年代，特别是从1992年以来，逐渐进入蓬勃发展时期，对外汉语教学，已逐渐作为应用语言学的一个分支成为一个独立的学科。"而对外汉语教学的独立性特点，具体来说是通过以下几个方面表现出来的。

1. 研究对象的独立性

对外汉语教学从其研究对象方面来看，具有鲜明的独立性特点。具体来说，对外汉语教学的研究对象主要有以下几个。

第一，对外汉语教学的原理、规律、现象、原则与方法等。

第二，对外汉语教学的过程。

第三，对外汉语教学的内外影响因素以及它们之间的相互作用。

2. 研究任务的独立性

对外汉语教学从其研究任务方面来看，也具有鲜明的独立性特点。具体来说，对外汉语教学的研究任务主要有以下几个。

第一，研究对外汉语教学的规律。

第二，研究如何将对外汉语教学的规律有效运用于教学实践之中。

第三，研究如何对对外汉语教学实践中出现的问题进行有效解决。

第四，研究如何不断提高对外汉语教学的质量与效率。

3. 研究视角的独立性

对外汉语教学的研究视角，不是单一的，而是有着鲜明的综合性特点，即需要站在语言学、教育学、心理学等多门学科的基础上进行对外汉语教学研究。

4. 学科理论体系的完备性

在当前，对外汉语教学已经在相关学科理论的影响下形成了较为完整的学科理论体系。具体而言，对外汉语教学的学科理论是由两部分内容构成的：一是对外汉语教学的学科理论基础，即哲学、心理学、语言学等；二是对外汉语教学的教学理论，即对外汉语教学的性质、对外汉语课堂教学的原则与方法等。

随着对外汉语教学实践的不断深入，对外汉语教学的学科理论体系也将不断丰富与完善。

5. 教学任务的特殊性

对外汉语教学与其他教学相比，在教学任务方面呈现出鲜明的特殊性特点，具体如下。

第一，要对外国学生利用汉语进行语言交际的能力进行有效培养。

第二，要将对外汉语教学与文化因素进行紧密结合，以便外国学生在理解中国文化的基础上更好地运用汉语。

6. 研究队伍的成熟性和研究成果的丰富性

随着对外汉语教学学科的日益成熟，对外汉语教学的科研队伍不断壮大，科研人员的素质也有了很大提高。在其影响下，对外汉语教学的研究成果越来越丰硕，并不断在新的领域进行深入探索与研究。

（二）应用性

对外汉语教学的应用性特点，主要指的是对外汉语教学是一门应用学科。所谓应用学科，就是注重与实践联系、对实践中遇到的问题进行直接解决的学科。应用学科并非没有自身的基础理论研究领域和理论体系，而是要将基础理论研究和理论体系运用到实践中，即注重应用。

对外汉语教学既是一门学科，也是一种语言教学活动。也就是说，对外汉语教学注重将理论与实践进行有机融合，并大力推进对外汉语教学在理论指导下的有效实践。实际上，只有将理论与实践有机地融合在一起，对外汉语教学才能更有效地进行与开展，并取得切实有效的成果。同时，对外汉语教学实践有助于对外汉语教学理论的丰富与完善。

光有实践，没有理论指导，对外汉语教学实践可能是盲目的、随意的、不科学的；光有理论，没有教学实践的验证，无法确定这一理论是否是完善且切合实际的。因此，对外汉语教学的教师在开展对外汉语教学活动时，必须将理论和实践进行有机融合。

(三) 综合性

对外汉语教学的理论基础、教学内容、教学方法、教学原则等是对多门学科进行综合的结果。也就是说，对外汉语教学具有鲜明的综合性特点。

对外汉语教学是由教和学这两个过程有机构成的，在具体的教学过程中，必然会涉及多方面的内容，如汉语的本体、教学方法与手段、现代教育技术等；涉及多门学科，如教育学、心理学、语言学等。因此，对外汉语教学具有综合性特点，是一门综合性的学科。

由于对外汉语教学是一门综合性学科，因而其研究和实践人员都必须具有多方面的理论知识和较高的综合素质。

第四节　对外汉语教学的目标与任务

对外汉语教学的独特性质与特点，决定了其教学目标与任务的特殊性。

一、对外汉语教学的目标

对外汉语教学的目标是否科学、合理，将对对外汉语教学的效果产生重要影响。因此，在开展对外汉语教学前，首先需要制定科学、合理的教学目标。

(一) 教学目标的内涵

1. 教学目标的含义

教学目标是教学活动的主体在教学活动中所要达到的预期效果和标准，是教学目的、要求在每一教学阶段的具体化，是教学活动的出发点和归宿。

《现代教学方法百科全书》中认为："教学目标是对教育者预先确定的，要求学生通过教学活动而发生的各种变化的具体描述，这种描述具有可见性和可测性，因此又称为行为目标。"

虽然不同的学者和不同的著作对教学目标的定义有一定的差异，但总体来说都包括以下几方面的内容。

第一，教学目标的实现，离不开教师与学生的共同努力。教学目标对教师来说具有指导作用，对学生来说则具有心理激励作用。同时，教学目标是对教师的教学效果和学生的学习效果进行检测的重要标准。

第二，教学目标的对象是学生，即通过开展教学活动使学生发生不同性质或程度的变化。

第三，教学目标对于教学活动来说，既是其出发点，也是其归宿。只有教学目标明确，教学活动才能顺利开展，并最终有效实现教学目标。

第四，教学目标是对教学活动的实际效果及其与预期效果之间的差异进行衡量的重要标准。

2. 教学目标的分类

在当前，学术界关于教学目标的分类并未形成一致意见，不同的学者有着不同的观点。其中，影响较大的是布鲁姆（Bloom）的教学目标分类和加涅（Gagne）的教学目标分类。

此外，我国学者在立足自身实际的基础上，也对教学目标的分类提出了一些建设性意见。

（1）布鲁姆的教学目标分类

布鲁姆认为，教学目标主要涉及三大领域，即认知领域、情感领域和技能领域，同时每一领域的教学目标又可以细分为一些小的教学目标。

对于认知领域的教学目标来说，可以细分为六个小的教学目标：第一，识记目标，即学生能够有效地记忆所学过的相关知识；第二，领会目标，即学生能够借助于转换（即用自己的语言或与之前的表达方式有所差异的表达方式对自己的思想进行表达）、解释（即说明或概述某一项信息）和推断（即推理事物之间所存在的逻辑关系）等形式，对所学材料的意义进行准确把握；第三，运用目标，即学生能够在新的情境中对所学的材料进行应用；第四，分析目标，即学生在对学习材料的内容、结构进行理解的基础上，能够对其进行分类，并指出不同类别之间的关系及其结构方式；第五，综合目标，即学生能够将所学的零碎知识整合为知识系统；第六，评价目标，即学生能够对所学的材料进行价值判断。

情感即个体对外界刺激做出的心理反应，既可能是肯定的心理反应，也可能是否定的心理反映。一般来说，个体的情感会对其行为选择产生重要的影响，还与其价值观的更新、思想情操的提升以及多方面能力的提高有着一定的关系。因此，在进行教学时，必须重视情感领域的目标。而对于情感领域的教学目标来说，又可以细分为五个小的教学目标：第一，接受目标，即学生能感受到某种现象和刺激的存在，并愿意接受或注意这些现象和刺激；第二，反映目标，即学生在对某种现象和刺激有所注意的同时，能够以某种方式（如默认、愿意、满意等）对其做出反应；第三，价值评价目标，即学生将特殊的对象、现象或行为与一定的价值标准相联系，包括价值的接受、对某一价值的偏好、信奉三个方面的内容；第四，价值观念组织目标，即学生能够对不同的价值观念进行组织与融合，并在有效调和它们之间的矛盾与冲突的基础上形成属于自己的价值观体系；第五，定型目标，即学生通过对自己的价值观体系进行组织，使自己形成一定的品性。

对于技能领域的教学目标来说，可以细分为六个小的教学目标：第一，知觉目标，即学生能够借助于感觉器官对客体或关系进行察觉，并在此基础上形成对心理、躯体和情绪等进行调节的能力；第二，模仿目标，即学生能够对教师示范的动作进行模仿；第三，操作目标，即学生能根据教学要求独自做出动作；第四，准确目标，即学生在练习或完成复杂作业的同时，使自己的动作更加精准；第五，连贯目标，即学生能够按照规定顺序和协调要求对自己的动作和行为进行调整；第六，习惯化目标，即学生能够自动或自觉地行动。

（2）加涅的教学目标分类

加涅在对各派学习理论进行深入分析与系统总结的基础上，提出了教学目标的分类理论。在他看来，教学目标主要是由以下几个具体目标构成的。

第一，言语信息目标，即学生通过学习活动能够对具体的事实进行记忆，并且在需要某一事实时能够将其陈述出来。一般来说，言语信息目标的实现要经历一个从不知到知、从知之甚少到知之甚多的过程。

第二，智力技能目标，即学生通过学习活动能够获得使用符号与环境相互作用的能力。一般来说，智力技能目标的实现会经历一个从简单到复杂、从低级到高级的过程。

第三，认知策略目标，即学生通过学习活动能够对自己的注意、感知、记忆和思维等进行控制与调节。

第四，动作技能目标，即学生通过学习能够使自己的身体动作迅速、准确、有力量或有连贯性。

第五，态度目标，即学生通过学习获得对自己的个体行为选择产生重要影响的心理状态。

3. 国内学者对教学目标的分类

我国学者在对国外教学目标进行分析与总结的基础上，依据自身实际提出了针对国内情况的教学目标分析，具体见表1—1。

表1—1　教学目标的分类

领域	学习水平				
认知领域	记忆	理解	简单应用	综合应用	创见
动作领域	模仿	对模仿动作的理解	动作组合协调	动作评价	新动作的创造
情感领域	接受	思考	兴趣	热爱	品格形成

由表1—1可以知道，我国学者也将教学目标分成认知、情感、技能三个领域，只不过在具体阐述与国外学者有所差异。

（1）认知领域的教学目标

我国学者对认知领域教学目标的具体阐述，主要有以下几个。

第一，记忆，即能够对所学材料进行有效记忆。

第二，理解，即能够对学习材料进行深入理解；能够对学习材料的形式进行转换；能够对学习材料进行简单判断。

第三，简单应用，即能够将所学材料运用于新的情境，并对新情境出现的一些简单问题进行有效解决。

第四，综合应用，即能够有效辨认某一综合问题的组成部分；能够对组成部分之间的关系进行分析；能够对组成部分中存在的原理、法则等进行识别，并通过对其进行综合运用来有效解决问题。

第五，创见，即能够打破常规思维，提出独到见解或解题方法；能够将学习过程的材料依据自己的观点进行整合；能够自己设计方案对一些实际问题进行解答。

（2）情感领域的教学目标

我国学者对情感领域教学目标的具体阐述，主要有以下几个。

第一，接受，即能够注意到在适当的环境中存在的对象；能够在给予机会时有意地注意对象；能够对教师的演示或讲解给予集中的注意。

第二，思考，即能够根据教师的指示做出系统动作；在与对象打交道时能够积极、主动，且注意与以前的经验相关联；能够有意识地与对象打交道，并在这一过程中保持较高的兴致。

第三，兴趣，即有进行深入研究的意愿；在与对象打交道时能始终保持愉快的兴趣；希望自己的思考和动作能够继续。

第四，热爱，即能够对对象的存在和价值给予关心；能够将价值内化为自己的坚定信念；能够认识到对象的美，并使其成为自己的理想信念。

第五，品格形成，即以自己的价值观和信念为依据，对自己的品格进行内化，并在其指导下选择自己的言论与行动。

（3）技能领域的目标

我国学者对技能领域教学目标的具体阐述，主要有以下几个。

第一，模仿，即能够对教师的演示与动作进行模仿；能够将描述语言转化为实际动作。

第二，对模仿动作的理解，即能够理解装置结构原理；能够合理解释动作的作用；能够合理概括和解释动作的结果。

第三，动作组合协调，即能够协调地进行动作分解与组合；能够科学设计动作的组合计划；能够科学概括和解释实验的结果，并写出实验报告。

第四，动作评价，即能够熟练地进行动作；能够对结果进行有效解释、推论及评价。

第五，新动作的创造，即能够依据新情境对动作进行设计与实现，并对动作结果进行科学解释。

（二）对外汉语教学目标的作用

对外汉语教学目标的作用是多方面的，其中较为主要的有以下几个。

1. 对外汉语教学目标的导向作用

对外汉语教学目标指引着对外汉语教学活动的方向，对对外汉语教学实践有着直接的导向作用。具体来说，对外汉语教学目标的导向作用又具体表现在教师和学生两个方面。

（1）对外汉语教学目标对教师的导向作用

对外汉语教学目标对教师的导向作用，主要表现在以下几个方面。

第一，影响着教师在进行对外汉语教学时选择什么样的内容，以及如何对所选择的教学内容的教学顺序进行科学安排。

第二，影响着对外汉语教学的重点与难点。

第三，影响着对外汉语教学的方法与手段的选用。

第四，影响着对外汉语教学的教学过程设计。

(2) 对外汉语教学目标对学生的导向作用

对外汉语教学目标对学生的导向作用，主要表现在以下几个方面。

第一，引导学生进行主动学习，使学生在学习时能够有效注意课堂中的重要信息，并对教学内容产生一定的预期。

第二，引导学生在学习的过程中进行自我激励、自我调控和自我评价。

第三，引导学生对自己的学习行为进行有效维持。

2. 对外汉语教学目标的调控作用

对外汉语教学目标一旦确定，对外汉语教学过程就变成了对对外汉语教学目标进行逐步实现的过程。从这一角度来说，对外汉语教学目标对对外汉语教学活动过程具有重要的调控作用，即在对整个对外汉语教学活动的进程进行有效控制的同时，依据对外汉语教学目标的需要对对外汉语教学的方式与结构等进行调节与改进，从而确保教学活动能够有效促进对外汉语教学目标的实现，即最终能够获得尽可能好的教学效果。

3. 对外汉语教学目标的激励作用

对外汉语教学目标的明确性以及实现对外汉语教学目标后所能带给学生的心理需要满足，能够使学生对对外汉语教学内容产生强烈的期待心理，继而有效提高学习的积极性与主动性，全身心地投入对外汉语的学习之中。从这一角度来说，对外汉语教学目标具有一定的激励作用。

要使对外汉语教学目标的激励作用得到有效发挥，必须确保制定的对外汉语教学目标与学生的心理需要相符合，并使学生意识到自己通过努力可以达成目标。

4. 对外汉语教学目标的评价作用

对外汉语教学目标为对外汉语教学评价提供了可观察、可测量的标准，也就是说，依据对外汉语教学目标能够对对外汉语教学活动进行科学评价。从这一角度来说，对外汉语教学目标具有评价作用。要使对外汉语教学目标的评价作用得到有效发挥，必须注意以对外汉语教学目标为依据编制测验题，以便保证评价结果的科学性与准确性。

（三）对外汉语教学目标的设计

对外汉语教学的效果与对外汉语教学目标的设计有着密切的关系。因此，科学设计对外汉语教学的目标是十分重要的。而要对对外汉语教学目标进行科学设计，必须注意以下几个方面。

1．要保证对外汉语教学目标的系统性

在进行对外汉语教学目标设计时要保证对外汉语教学目标的系统性，也就是说，所设计的对外汉语教学目标要包括对外汉语教学的学科总目标、对外汉语教学的课程目标、对外汉语教学的学段教学目标、对外汉语教学的单元教学目标和对外汉语教学的课时教学目标（图1—2）。

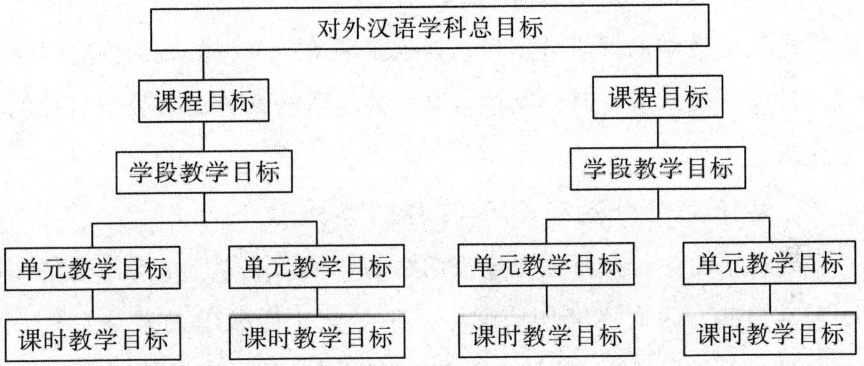

图1—2　对外汉语教学目标

（1）对外汉语教学的学科总目标

对外汉语教学过程所要达到的最终结果，便是对外汉语教学的学科总目标。一般来说，对外汉语学科总目标对对外汉语教学的内容、过程等的规定是较为宏观的，且需要由国家教育主管部门组成的有关专家来进行制定。

（2）对外汉语教学的课程目标

对外汉语教学的课程目标，就是明确对外汉语学科总目标应通过哪

些课程来予以实现。一般来说，国家和各级学校的课程专家是对外汉语教学的课程目标的主要制定者。

(3) 对外汉语教学的学段教学目标

对外汉语教学的学段教学目标，就是明确每门课程的完成时间。因此，对外汉语教学的学段教学目标也可以称为学年教学目标或是学期教学目标。一般来说，对外汉语学院的研究人员和有关专家是对外汉语教学的学段教学目标的主要制定者。

(4) 对外汉语教学的单元教学目标

对外汉语教学的单元教学目标，就是明确某一学期的教学内容需要分几个单元结构来完成。一般来说，对外汉语学院的系主任、教研室主任和优秀教师是对外汉语教学的单元教学目标的主要制定者。

(5) 对外汉语教学的课时教学目标

对外汉语教学的课时教学目标，就是明确一节课的教学内容以及预期效果等。一般来说，对外汉语教师对外汉语教学的课时教学目标的主要制定者。

2. 要保证对外汉语教学目标的层级性

对外汉语教学是一种循序渐进的活动，是以学年、学期为单位加以组织与实施的，因而不能期望学生一下子就达到教学的最终目标。因此，在进行对外汉语教学目标设计时要保证对外汉语教学目标的层级性，即设计的对外汉语教学目标应具有不同的层级，且学生通过不断的学习能有效实现这些层级。

3. 要保证对外汉语教学目标的灵活性

对外汉语学生在学习基础和学习能力方面并未完全一致的，而是存在一定的差异。因此，教师在进行对外汉语教学目标设计时要注意具有一定的灵活性，即让学生有一定的目标选择余地。

4. 要保证对外汉语教学目标的可操作性

教师在进行对外汉语教学目标设计时，要确保其是具体的、明确的、可观察的、可测量的。只有这样，设计好的对外汉语教学目标才能在对外汉语教学实践中进行有效实施。

(四) 对外汉语教学目标的编写

在设计好了对外汉语教学目标后，就需要对其进行编写了。就当前来说，常用的对外汉语教学目标编写方法主要有两个，即五要素目标表述法和 ABCD 法。

1. 五要素目标表述法

这一对外汉语教学目标编写方法是由加涅提出的。在加涅看来，学业行为目标（即教学目标）必须包括五个方面：一是学业行为的情境；二是习得能力的类型；三是学业行为的对象；四是运用习得能力的具体行为；五是与学业行为有关的工具、条件或限制。因此，教师在对学业行为目标进行编写时，必须围绕着五个方面进行。

2. ABCD 法

ABCD 法是由美国语言学家、教育家马杰（Mager）在 1962 年出版的《程序教学目标的编写》一书中提出的。其中，A 指的是对象（Audience），即对教学对象进行阐明；B 指的是行为（Behavior），即学生通过学习在行为方面发生了哪些变化；C 指的是条件（Condition），即学生表现学习行为的条件；D 指的是标准（Degree），即学生达到合格行为的最低标准。

一般而言，透过这一方法编写的教学目标明确具体，能清楚地告诉人们学生将获得的具体能力以及如何对这些能力进行观察与测量。

二、对外汉语教学的任务

对外汉语教学的任务，概括来说有以下几个。

(一) 让外国学生学习好、掌握好汉语

让外国人学习好、掌握好汉语，可以说是对外汉语教学最为基本的

一项任务。所谓“让外国人学习好、掌握好汉语”，就是通过对外汉语教学活动让外国学生能较为熟练地运用汉语进行不同层次的交际和交流。为有效完成对外汉语教学的这一任务，教师需要在教学过程中积极调动学生的学习积极性与主动性，同时不断完善自己的理论知识，增强自己的实际教学能力，并切实根据学生的实际采取丰富的、灵活多样的教学方式。

（二）进行对外汉语教学研究

进行对外汉语教学研究，也是对外汉语教学的一项重要任务。对外汉语研究主要以对外汉语教学的性质、特点、教学过程等为依据，对对外汉语教什么、如何学、怎样教等问题进行深入的探讨。教师只有将这些问题探讨清楚，才能真正地教好汉语，更好地教会外国学生学会、用好汉语。

（三）进行对外汉语学科建设

对外汉语学科的建设是否科学、合理、完善、具有前瞻性，将对对外汉语学科的未来发展产生重要影响。因此，在进行教学时，教师需要依据实际经验不断地对对外汉语学科进行建设。

对外汉语学科建设需要从学科性质、学科任务、学科地位、学科结构体系、学科研究、学科人才培养、学科规划等方面具体展开，同时，对外汉语教师要积极开展对对外汉语学科的研究，把对外汉语教学真正建设成为一门体系完善、内涵丰富、特色明显的独立学科。

（四）扩大中国以及中国文化的影响力

对外汉语教师进行对外汉语教学，除了要向外国学生教授汉语知识外，还需要承担起传播中国文化、增进中外友谊和文化交流、培养热爱中国文化的国际友人的职责，以不断提高我国在国际上的地位。为此，我国需要不断扩大对外汉语教学的范围，使世界范围内的“汉语热”不断升温，进而吸引越来越多的外国人学习汉语，并在学习过程中加深对中国认识与了解；及时以国际政治环境为依据，对对外汉语教学的发展战略和策略进行调整，以确保对外汉语教学在任何情况下都能发挥出积极作用；不断开拓在国外办学、在国外教授汉语的新市场，以有效提升对外汉语教学的影响力等。

第二章　跨文化视角下对外汉语词汇教学

第一节　汉语词汇与对外汉语词汇教学

一、汉语词汇的特点与对外汉语教学

（一）汉语词汇的特点

语言由语音、词汇和语法三大要素构成。语言的不断发展变化，在语音、词汇和语法三方面都有所体现。其中语法是较为稳定的，语音其次，词汇不断进行着更新。汉语的词汇有以下几个特点。

1. 以单音节语素为基本形式

语素是语言的最小单位，也是构词的最小单位。以单音节语素构词是现代汉语词汇的突出特点。口头上，一个单音节语素指的是一个带声词的音节，在书面上是汉字。

2. 语素构词以五种语法结构为基本形式

语素和语素组合成词语是有语法规律的，它同词与词组合成短语的五种基本结构是相同的。这五种组合方法是并列、偏正、动宾、动补、主谓。以上五种结构也是新词产生采用的主要结构，尤其是并列、偏正、动宾这三种方式。其中动宾结构不断增加，尤其需要注意。

3. 常用词的音节数以单音节和双音节为基本形式

汉语的词由单音节词向双音节词发展，这是古代汉语向近代、现代汉语发展的一个重要特点。两个语素构词，词和词可以相应成为词组，比如，以“电”为第一个语素和另一个语素组合的词有电报、电表、电车、电池、电灯、电路、电视等。三音节词近现代较古代有明显的增

加，特别是近几年，三音节词的数量不断增长。例如，以“性”作为后缀的三音节词有很多，如逻辑性、代表性、敏锐性、可行性、盲目性、科学性、原则性、系统性、决定性等。像“性”这样的后缀，又有化、家、员、者、派、生、素、论、式、品、纲、度、法等，在它们充任不自由语素时，意义已经虚化了。

目前来看，汉语的多音节词发展到了四音节就不再向更多的音节发展。另有一些专有名词或科学术语甚至一般用语，喜欢用两个双音节再行组合，形成四音节词语，如精神文明、物质文明、遗传工程、边缘科学、运载火箭、机器翻译等。

4. 利用重叠词或含有重言成分的词是汉语词汇构造的又一特色

根据重叠有无原型可以把它们分成如下两大类。

（1）有构词原型

AA 式：人——人人；天——天天；家——家家。

ABAB 式：研究——研究研究；讨论——讨论讨论；调查——调查调查。

AABB 式：整齐——整整齐齐；热闹——热热闹闹；大方——大大方方。

AAB 式：读书——读读书；冰凉——冰冰凉；跑步——跑跑步。

ABB 式：冷清——冷清清；慢腾——慢腾腾；干巴——干巴巴。

A 里 AB 式：糊涂——糊里糊涂；啰唆——啰里啰唆；模糊——模里模糊。

（2）没有构词原型

最典型的就是“单字＋叠字”或“叠字＋单字”类，如绿油油、黑乎乎、白茫茫、呱呱叫、毛毛雨等。

（二）根据汉语词汇的特点有的放矢地进行对外汉语教学

对外国学生进行汉语词汇教学，一个重要的前提就是要充分认识、理解和把握汉语词汇结构的基本特点，即以语素为基础，按照汉语短语结构的基本规则构词，从而使形成的复合词在结构上与短语保持一致。

第一，在对外汉语教学中，教师应当利用现代汉语词汇以单音节语素为基本构词单位的特点，牢牢抓住汉语“音节—语素—汉字”三位一体的这个中心，让学生体会到汉语词汇构造的基本特征。同时，让学生掌握基本词汇，初步了解单音节词可以充当语素参与构词的作用，即了解语素在复合词中的显义作用，能根据生词中学过的语素来推测词义，不断扩大词汇量，起到举一反三的作用。

第二，复合词是汉语词汇构造特点体现最突出、最鲜明的部分。汉语词汇中复合词占优势，教师可以利用这一特点，让外国学生全面掌握词义，逐步了解汉语词的民族特色，快速增加词汇量。

与英语相比，汉语词与词的界限不是很清晰。但从词语构造特点入手，可使外国学生理解并掌握汉语复合词语素间的组合语素义和整体义的关系，这对他们阅读理解和言语表达很有好处。我们认为，在讲解词语时，结合词的构造特点，给学生讲解复合词语素和语素之间的关系以及各语素在词的整体意义中的显义作用是非常必要的。更重要的是，发挥学生的主观能动性，让他们自己分析类似的词，使他们更深刻地体会汉语构造的特点，达到举一反三的目的。

第三，词汇教学的主要任务是讲解重叠的语法意义。比较好的方法是采用重点讲解与类推相结合的方式，通过对比让学生体会重叠和非重叠的不同，这就要求教师要进行适时的总结。第一大类中词汇意义改变的词应讲出词义的变化，当然还是从语素义的角度来讲。第二类是十分地道的汉语词，也是外国学生比较难掌握的词。这类词的核心语素一般都是单字，但与单字的表达效果是大不一样的。

二、对外汉语教学中词汇教学的意义

对外汉语教学在逐步发展的过程中，主要形成了三种不同的教学方法：①“结构—情境—功能”，主要以培养学生如何进行口语交际为主；②“结构—功能—文化”，通过口语交际进行文化传播；③以句型训练为主的直接法。以上三种非常常见的教学法都没有摆脱以“结构”为首的规则束缚。也就是说，这三种不同的教学方法，都以学生系统学习语法为前提。从这一点可以看出，常见的对外汉语教学仍旧以语法教学为教学重点。而语法学习对于外国学生而言难度很大。我们从对外汉语教学实践中可以看出，大部分外国学生来到中国学习汉语，其主要目的是与中国人进行言语交际，从而进行贸易往来以及文化传播，所以“交际”才是学生应该掌握的最为直接、最为有效的技能。所以词汇教学直接影响着外国学生汉语整体水平。

杨惠元先生曾提出“强化词语教学，淡化句法教育”，他从词汇与句法的角度阐释了词语教学应该放在对外汉语教学的重要位置。同样，何干俊先生也提出：“留学生觉得汉语难学、难记，甚至最终放弃学习汉语，很大程度上是因为词汇不理解的问题。词汇教学在语言教学中占有重要的地位。”所以词汇作为语言的建筑材料，应该贯穿于对外汉语教学的各个阶段。

对外汉语的教学过程中，词汇教学具有非常重要的意义，是学生直接进行交际的重要保证。虽然词汇教学有很多不同的教学方法和技巧，但是仍旧不够完善，教师应该在学生已有的知识结构上，不断摸索词汇教学新方法，使之不断完善。所以，加强对外汉语词汇教学，能够使有限的课堂教学实践变得充实而紧凑。

三、对外汉语词汇教学中应注意的问题

任何语言的教学都包括语音、词汇和语法三个基本方面，而跟其他语言相比，汉语词汇所要担负的语言任务更为繁重，因为在语言学界，汉语被称为“缺少严格意义的形态变化”的语言。因此，词汇教学不仅是对外汉语教学的基本内容，也是多数课堂教学的重要组成部分，其在对外汉语教学中的作用举足轻重。

（一）要引导学生通过课外自主阅读不断提高猜词的能力

课堂教学是汉语词汇学习的最主要手段。但是，一方面，课堂教学

的时间毕竟有限，要把词语的学习、理解、消化、吸收乃至运用都在这有限的时间里完成是根本不可能的。另一方面，汉语词汇数量繁多、变化万千，要求外国学生完全掌握是不切实际的。因此，根据前后语言环境猜测词语含义的能力必不可少。只有把平面的词语同立体的阅读材料结合在一起，才能让学生真正体会到汉语强大的表达能力和语言魅力。

（二）要提高学生对词汇学习的兴趣和运用词汇的自觉性

任何一种教学活动都是师生双方相互作用的过程。在课堂教学的三要素中，学生不仅是信息的接收者，更是教学效果的体现者，从这个意义上说，学生本身学习汉语的自信心和自觉性对学习效果有着至关重要的影响。学生只有具有强烈的自信心和高度的学习自觉性，才能自觉地参与学习活动，并在学习的过程中集中注意力，取得最佳的学习效果。要想提高学生的自信心，教师必须努力提高学生的学习兴趣，帮助学生转变学习汉语的态度，排除学生在学习汉语中的某些心理障碍。词汇教学本身比较琐碎枯燥，课堂上常常是教师讲，学生记，学生很少有独立思考和提出个人见解的时间。时间一长，学生会感觉尽管词汇笔记记了一大本，可并没有在实际交流中表现出表达能力的显著提高，于是就会逐渐产生倦怠心理和厌烦情绪。因此，教师要在词汇教学的各个环节中采用灵活多变的教学方式来调动学生主动学习的积极性。比如搜集一些与课文内容有关的音像资料适时穿插在课堂教学中；组织学生用自己的语言排练表演课文中情节性强的内容；让学生用指定词语在限定时间内完成短文或对话等。只有让学生变被动接受为主动探寻，词汇教学才能取得事半功倍的效果。

汉语词汇教学是一个有序而又复杂的庞大工程，对外国学生和教师来说都极具挑战性。尽管有关这方面的研究已经取得了一定的成果，但是在实际教学过程中各种新的问题仍在不断出现，这些问题都有待于我们在以后的工作中不断探索。

第二节　对外汉语词汇教学的内容

一、词汇的文化内涵

一个国家或民族的语言通常能够反映该国家或民族的文化本质以及思维方式。我们在学习一门外语时，了解该国家的文化对语言的学习有极大的帮助，汉语亦然。在汉语诸要素中，词汇直接反映着社会生活的变迁以及民族文化的发展，是最基本、最活跃的成分。语言的文化本质决定了词汇必然承载着丰富和特定的文化内涵。第二语言教学主要解决词汇含义的文化差异与文化冲突，以及词汇含义的文化差异对跨文化交际的干扰这一问题，保证词语传递的信息畅通。

（一）汉语中的词汇文化义

词的文化义是词义中隐含的反映一个民族的社会状况、风俗习惯、审美情趣、思维方式和心理态势等诸多文化因素的意义。这个定义充分挖掘了对外汉语教学词汇文化义的内涵和特征。首先，它是从文化视角对词义进行考察而得出的结果，强调了文化的隐含性；其次，它强调了从文化的视角对词义的审视，而没有混淆语言与文化这两个层面，有利于我们判别一个词是否具有文化义和具有什么样的文化义。

（二）汉语中特有的文化词语

有着五千年文明史的中华民族使用的词语，同文化有着较其他语种更为密切的关系。那些直接反映中华文化的词语就是汉语中的文化词语。它们是独特而又丰富多彩的中华文化的产物，也是记录中华文化的载体。正是凭借这些词语之力，相当部分的中华文化才得以保存、流传。这些文化词语大致可分为以下几类。

第一，表现中国独有物质文化的词语，如华表、四合院、粽子、太师椅、花轿、旗袍、中山装等。

第二，表现中国独特精神文化的词语，如社稷、文景之治、赤壁之战、道、八卦、小康、风骨等。

第三，表现中国独特的社会经济制度的词语，如尚书、丞相、举人、状元、殿试、榜眼、探花、八股文等。

第四，反映中国独特的风俗习惯的词语，如元宵、中秋、清明、万福、乞巧、拜月等。

第五，反映中国杰出历史名人的专有名词，如李白、秦始皇、武则天等。

在中国特定文化背景下形成的词语，学习汉语的外国人是不能从字面上推知其意义的。比如，“李白”这个专有名词对于一个不了解中国文化的外国人来说往往只是一个符号。至于成语、俗语，更是为汉文化所独有，它们从表层意义到深层内涵都是无法用另一种语言对译的。所以，想要学好汉语，掌握汉语，必须首先掌握各种文化词语。

（三）词汇文化内涵的影响因素

词语的文化附加义是指一个词在指称实物的同时所蕴含的特定民族文化信息。也就是说，一个词语首先有所指，在所指的基础上又负载一定的文化信息，这时特定的文化信息就是这个词语的文化附加义。词语的文化附加义是特定的社会统一约定的，而不是个人的。它是特定的社团心理上的 种约定：将某些抽象的主观认识、感受通过一个个具体的事物含蓄委婉地表达出来。如汉族人民在心理上形成这样种种约定：以“红豆”表现“爱情”，以“鸿鹄”表现“志向远大”，以“狮”表现“勇猛者”，等等。

语言就像一面色彩斑斓的镜子，反映着民族文化的全部；又像一个窗口，展示着文化的一切内容。语言是文化的一部分，又是文化的传播工具。而词汇作为语言的基本构成，最能生动地体现出不同文化的差异。不同的文化附加义和各个民族的风俗习惯、地理、历史、信仰及审美观是密切相关的。同时，不同民族对一些共同事物的反映是不同的，有的表现出喜好，有的正好相反。这不仅取决于该事物在日常生活中的地位和作用，还取决于该民族的心理及其价值观。由于受民族文化的影响，一个普通的词在一种语言中常有极其丰富的联想意义，而在另一种文化中就可能仅仅是一个语言符号。这类词往往会导致理解上的障碍，造成不必要的误解。

语言是一个民族在长期生产劳动和社会实践中创造出来并为他们服务的，其词汇必然要反映该民族的社会现实，受该民族的生活习惯、思维方式、语言心理、行为规范、道德价值、政治观念和文化传统制约，因此语言是文化的载体。而语言中的词汇承载着丰富的文化内涵。词的文化内涵难以穷尽，并有着深刻的语言内外因素，我们在理解和翻译时要注意挖掘词汇所蕴含的丰富文化内涵，提高对文化差异的敏锐性和领悟能力。

二、对外汉语词汇教学中的文化教学

（一）对外汉语词汇教学中的文化教学要遵循的原则

对外汉语文化教学有五大原则：一是文化教学要为语言教学服务，也就是说不能把语言课上成文化课；二是文化的教学要有针对性，就是说文化的教学针对的是外国人，是为了解决他们在跨文化交际中遇到的障碍；三是文化要有代表性，就是说教师所传授的文化应该有代表性，是中国社会的主流文化；四是要用发展的眼光看待文化，在讲解中华文化时，要去粗取精，要把传统的文化和中国现在的新文化结合起来；五是要把文化知识转化成交际能力，学习文化知识的最终目的是交际，即在真实的语言环境中得体地完成交际。

（二）实施对外汉语词汇教学中的文化教学应采取的具体策略

1. 挖掘词汇所蕴藏着的文化因素

汉语词语在词形构造、词义内容等方面深蕴着丰富多彩的民族文化信息。如果教师能有意识地将词汇教学与中国文化紧密结合，在讲授词汇知识的同时注重引导学生从语言学的视角体味民族文化内蕴，从文化学的视角阐释语言现象和规律，不仅有助于学生对语言知识的掌握，也有利于民族文化的传承。所以教师一定要深入挖掘词汇背后的文化因子。

2. 对于词汇教学中的文化教学应该有所侧重

汉语词汇非常丰富，绝大部分词语背后都有着自己的文化印记，但是教师不能每个词语都进行细致讲解，而是应该根据词频统计找出高频词、重点词，进行重点教学。

3. 采用多种教学方法

在对汉语中的词汇进行文化教学时，教师应改变传统的“教师讲、学生听，教师写、学生记”的教学方式，采用多种教学方法。这是因为文化是一个非常有趣的课题，能激起学生学习汉语词汇的兴趣。在教学中教师可以引导学生自己查资料，或与同学合作，共同探究词语背后的文化因素。

语言本身就是一种文化，这不仅因为语言是人类特有的交际工具，是人类社会特有的产物，还因为其基本单位——词语中沉淀着丰富的文化意蕴。对于汉语学习者来说，要真正掌握汉语，应该而且必须了解汉语的文化意蕴，深入、全面地掌握语义，特别是深层的文化意义。因此，对外国学生进行必要的文化渗透便成了对外汉语词汇教学中的一个重要环节。

(三) 对外汉语中开展国俗词语的教学

词汇是语言教学与学习的基础。国俗词语作为特有文化词语，是外国学生学习的难点，所以加强和改善国俗词语教学现状势在必行。

1. 开展国俗词语教学的方法

(1) 精心营造课堂国俗环境

任何时空环境都可以成为文化传播的载体，那么教室自然不能例外，理应成为国俗词语传播的一个媒介。课堂环境的布置主题也必须以传播中华文化为宗旨，可以采用微型国俗文化展览的方式布置课堂。比如说，在墙上挂中国结，在玻璃上贴窗花，展示川剧脸谱，设置微型展台，不定期展示茶道等中华文化。在这些展示的物件中一定要注有中文的标识和基本解释，方便学生观看和理解。大量的教学实践表明，一个良好的课堂环境布置很大程度上能够营造出一个相对真实的教学情境，使学生融入所学的课程中去，体味国俗词语的魅力，从而提升教学和学习质量。

（2）丰富国俗词语的教学形式

①直观式展示教学

对于名物词语和专有名词的教学，可以采用直观教学的方式。这些词汇或表示中国独有的事物、概念，或在其他语言中没有对等的词，也无法进行对应词语的对比分析，或单纯用语言并不容易解释清楚词义。人对语言的认识具有整体性，而且人的视觉、听觉等感知能力也能对刺激形成整体反应，因此，语言教学需要从各个方位向学生展示目的语，从而使学生的感知能力得到整体运用。

②导游式文化讲解

国俗词语是文化内涵的高度浓缩，意蕴丰富。对于国俗词语，我们认为可以采用导游式的讲解方式进行教学。导游式的讲解方式既可以使学生了解到国俗词语的内涵，又可以提升学生学习词语的兴趣。对于大部分固定词语、征喻词语和典故词语而言，这些词的教学主要采用导游式文化讲解的方式。这一类文化词语反映的是中国文化的深层结构，体现的是中国人的认知理念和价值观念。所以这一类词语采用其他讲解方式可能会增加学习者的困惑，而把它们放在文化中去讲解，就会使学生形成一种理解中华文化的思维，建立起一种思维架构。

③实践体验与交际

如果国俗词语的讲解只是局限于传统意义上的课堂描述，那么外国学生学习国俗词语的效果就会大打折扣。相反，如果将实践体验与交际融入学习过程，那么教学效果会得到很大的提升。比如说“京剧”这个词，如果按照字典的解释去讲解，其意思是：“京剧即京戏，中国主要的剧种之一，是清中叶以来由徽调、汉调合流演变而来的北京皮黄戏”。

学生听后肯定一头雾水，不知所云。如果让学生亲身去听一场京剧，体验到中国的京剧文化，那么教学效果会有很大提升。在实践基础上产生的对不同事物的兴趣将带给学生极大的震撼，而这种震撼能够激发学生的求知欲，并使学生对这种事物以及文化印象深刻。

④国俗类视频辅助

由于视频内容的直观性、易于接受性、便于回忆性等特点，视频教学受到不同课型的青睐并被广泛运用到日常教学中去。采用视频教学的形式对反映中华文化的国俗词语进行教学一定能够增加学生对中华文化的感知。

⑤课下译文类国俗词语资料学习

既然是译文类资料，就是说学习资料是用外文形式写成的。译文类学习资料定位于文化普及，不强调记忆效果，大体上是对某一专项进行编排。这类国俗文化书籍的阅读对学生的影响是很慢的，但却是深层次的影响。

通过以上五种教学方式之间的相互组合，就能够形成课上与课下的一个生态结合，使学生能够在较为完整的国俗词语环境中学习和习得文化含义，并能够在交际过程中运用自己内化了的知识。

2. 提升国俗词语的教学地位

在语言习得中，词汇的教学地位是毋庸置疑的。为了更好地习得语言与中华文化，国俗词语的教学地位理应得到提升。同时，我们也必须增强国俗词语的教学意识。国俗词语的教学既属于词汇教学范畴，同时又属于文化教学范畴。在教学中我们主张国俗词语文化教学偏向。因此，提高国俗词语的教学地位需要从词汇教学的从属角度进行提升。可以采用复现的形式进行提高。根据心理学的观点，语言形式出现的频率的高低在一定程度上决定了这种语言形式习得的结果。至于复现采用哪种形式，需要在教学和交际中根据任务要求进行调整。同时，教师应采用较为有趣的教学方式，以提高学生的学习兴趣，使学生保持对国俗词语的乐学心态。

三、词汇的意义和用法

（一）词汇的语言意义与文化意义

1. 词汇的语言意义

词汇的语言意义是指一个可成词的语素单独使用时或者构成短语时所分析出来的字面意义，它并不严格地等同于该词的概念意义，只是概念意义中的一项，也就是基本义。这个意义具体在字典中，就是每一个词语下所列几个义项中的第一个义项。

单单从语言意义的角度来说，从学生的母语当中基本上可以找到与目的语（即汉语）在语言意义层面完全一致的词语。

不过，语言的学习往往不会这么简单，我们平时看美剧，尤其是情景剧的时候都有共同的经历，每个单词都听懂了，甚至句子的意思也能够明白，可是，听到演员和配音在不停地笑，自己却不知道为什么而笑，只能靠生理反应微笑。这种经历就告诉我们，词汇除了语言意义以外，还有另一种意义——文化意义，这种意义在我们日常交际中发挥着重要的作用。

2. 词汇的文化意义

（1）定义

词汇的文化意义又称为词汇的“文化内涵意义”，指的是社会、民族附加在词语的语言意义上的主观意义，表达的是人们对词语所指的人或物所怀有的感情或者持有的态度，反映出交际者的文化心理、态度和感情色彩。

（2）词汇文化意义产生的原因

词汇的文化意义，一般通过三种方式产生：人们对于事物的感情评价、谐音以及文学作品。

①感情评价

人们通过长期在生产生活中对于事物特性的主观认识，对事物进行一定的感情评价。

②谐音

“谐音”指的是语言运用过程中借助于音同或音近的语音特点来表达意思，从而造成一种特殊效果的语言现象。有的词语的文化意义就是来自谐音。

③文学作品

实际上这第三点与第一点感情评价有相通之处。文学作品的作者发现了客观事物、现象的特点，从而对其进行感情评价，其文学作品推而广之，受到了更多的人的认可，从而形成了词语的文化意义。

(3) 文化意义的性质

通过对文化意义的定义以及来源的讨论，我们大致可以将文化意义的性质归纳为五个方面，具体如下。

①民族性

文化意义是在特定的文化背景中产生的，是建立在联想基础上的民族文化心理的产物，因而，不同的民族，由于具有不同的地理条件、风俗习惯、价值观念、心理特征、思维习惯、语言资源和文化学术传统，对同一个现象会产生不同的心理联想和情感体验，从而使词汇具有不同的文化意义。

②社会性

文化意义反映出来的是全体社会或绝大多数的社会成员对于某一个事物或现象的态度和看法。文化意义的产生，先是任意选择而后约定俗成，包括上文中所提到的因文学作品而产生的文化意义，也是先由作者联想，在文学作品中阐明自己的态度，然后随着作品的传播，得到绝大多数人的认可，继而不断使用，从而才形成了该词语的文化意义。

③主观认识

文化意义反映出来的是人对于事物或现象所怀有的情感、主观态度。

④变异性

词语的文化意义并不是一成不变的，在满足了一些条件之后，其文化意义也会随之发生改变。

⑤多重性

绝大多数词语所具有的文化意义不是单一的，在不同的语境中，具有不同的文化意义。一个事物的特征是多方面的，并且产生文化意义的原因也是多方面的，这就造成了文化意义的多重性。

3. 研究词汇语言意义、文化意义对于对外汉语教学的重要性

在对外汉语教学中，研究词汇的语言意义与文化意义的主要意义就在于成功地进行跨文化交际。

对外汉语教学的整个过程及其目的都属于跨文化交际的范围，而要让这个跨文化交际的过程成功，对词汇的语言意义的准确把握仅仅是一个基础，能否准确理解词汇在目的语（即汉语）当中的文化意义，决定了交际者能否正确选择、使用可以准确表达自己的思想、意图的词语，并且避免因文化差异使对方产生误解。

对于学习汉语的外国学生而言，掌握好词汇的语言意义与文化意义，有利于加深对汉语乃至汉文化的了解；不仅仅从表面上，还要从思维层面上进行更地道的汉语表达，从而顺利地运用汉语进行交际。

对于对外汉语教师来说，要将词汇的语言意义与文化意义放在同等重要的位置上，并且，不仅要能很好地把握汉语词汇中的文化意义，更要了解来自世界各地的学生的民族文化，从而将学生母语词汇的文化意义与汉语词汇的文化意义进行对比，这样才能更好地向学生教授汉语词汇。

但是，有一个问题需要引起我们注意，那就是对于讲解词汇文化含义的“度”的把握。在语言教学当中，语言知识的传递永远是第一位的，重视研究汉语词汇的文化意义，对于对外汉语教学来说，其目的并不是去探究文化意义的来源，而是在于帮助学生更好地根据语境选择词语，从而顺利地进行汉语交际。因此，对于词汇的文化意义的揭示，教师应该做到“适可而止”，学生能够正确地理解、运用词汇即可，切记

不要拽住“文化”的尾巴大讲特讲，从而忽略了对外汉语教学作为一门语言教学的本质与目的。

全面且正确地理解一个词语并非轻而易举，学生不仅要了解词语的字形和语音，还要全面地掌握词语的意义和使用方法，其中，对于词语的意义——语言意义和文化意义的正确理解，能够很好地提高学生的跨文化交际能力。学生学习汉语的这个过程就是跨文化交际的过程。因而，教师要在此过程当中努力地培养学生良好的跨文化交际能力。而着眼于教学，词汇教学无疑是一个很好的平台，对外汉语教师可以从词汇的语言意义和文化意义着手，帮助学生克服文化冲突，排除母语语言和文化的干扰，扫除理解和运用汉语词语的文化心理障碍。

（二）词汇在对外汉语教学的用法

1. 直接法在对外汉语词汇教学中的运用

（1）直接法概述

19 世纪末，资本主义在世界范围内有了很大发展，语言成了国际交流与贸易中的一大障碍。培养一批能与其他国家的人进行交流的外语人才的需求变得急迫起来，外语口语的重要性也随之显现出来。传统的外语学习方式——语法翻译法因对口语的忽略而遭到了众学者的强烈批评与指责，同时，这一时期语言学、心理学、教育学等相关学科的发展也为新的教学法的产生奠定了理论基础。

直接法产生于 19 世纪末 20 世纪初的西欧，又被称为“自然法”“改革法”“口语法”等。虽然叫法各异，但本质相同，即在外语学习中，尽量排除母语，通过目的语与事物及意义间建立直接联系的方式来学习目的语。在教学中，直接法以口语教学为重点，以句子为教学单位，让学生通过反复模仿、操练、记忆的方式学习语言，最终达到让学生学会用目的语进行交流的目的。

（2）直接法在词汇教学中的运用

①实物、图片等在词汇教学中的运用

使用实物、图片等是词汇教学中直接法应用的最典型的方式。很多词语解释起来比较吃力，效果也不好，但是通过图片和实物的展示，学生就能很容易地获得对某一词语的直观认知，进而有效地掌握该词语。这种方式一般运用于名词的学习和掌握。特别在汉语学习的初级阶段，大量的事物名词的学习运用直接法既简便又有效，从最普通的教室中的座椅、门窗，到其他如动植物名词、日常事务名词等都可以用实物和图片进行教学。直接法的优势在此得以充分体现。例如，我们在讲授饮食这一内容时，仅凭语言讲解，会显得单调乏味，而通过图片和实物的展示则可以让学生对中国的饮食有一个直观的认识，从而激起学生的学习兴趣。

一些具有中国特色的词语，用直接法进行教学也可以达到比较理想效果，比较典型的是一些有中国特色的事物、成语等。如“文房四宝”可采用实物展示，以帮助学生很好地掌握这一名词。又如，在教学“虎头蛇尾”这一成语时，教师可在黑板上画上由老虎的头和蛇的身子组成的动物，直观地给学生解释这个成语的含义。

另外，一些方位名词、时间名词等也可用图示的方法来讲解，从而帮助学生清晰地明白它们的意思。如讲解“里”“外”时，可以以“教室里”“教室外”来使学生明白其含义。

随着科技的进步，直接法的实物、图片展示也与时俱进，这主要体现在多媒体教学中，音频、视频的运用不仅使课堂教学变得更加生动有趣，也使学生对词语的学习变得事半功倍。

②体势语在词汇教学中的运用

直接法在对外汉语教学中的运用，不仅体现在静态的图片、实物展示上，动态的体势语也是其有效的教学方式。汉语中有大量具有体势语特征的词语，因此运用体势语教学很容易达到学习词语的目的。

体势语主要包括肢体动作和面部表情，在动词和一些形容词的讲解中经常得到运用。例如，对“拉”“推”“拽”“拖”“拔”“举”等一系列动词的讲解，采用体势语进行教学可以帮助学生很快掌握这一系列动词的意义与区别。

一些比较抽象的动词也可以用动作进行教学，比如讲解“消失”时，教师可以随意拿一个物品放在学生眼前，然后使物品逐渐远离学生的视线，最后放在学生看不见的地方，指出物品“消失”了，这样能够让学生迅速明白“消失”的含义。

另外，形容词也可以用体势语的方式来教学，如“愉快”“难过”“吃惊”等形容词可以使用面部表情来诠释，让学生了解其意义。

③在句子中学习词语

直接法的一大特点就是以句子为教学的基本单位，整句学、整句运用，而非从孤立的单词开始。所以从句子中学习词语也可以看作直接法在词语教学中的运用，而这一点往往会被人们忽略。

含义丰富是汉语词汇的一大特点，很多词语常具有多个含义，这时就需要结合具体的句子对词语进行理解，通过不同的句子理解同一个词的不同含义是学习多义词的一个简单易行的方法。如“深”的含义有很多，主要有“从上到下的距离”“颜色深浅”“深奥、深刻”“深厚、亲密”等。这时我们就可以通过简单的句子使学生了解这个词的不同含义：“这个坑很深”“这件衣服的颜色比那件衣服的深”“这个问题很深”“母亲对孩子的感情很深”。需要说明的是，在通过句子学习词语时，可以使用直接法的其他方式进行辅助，比如，前两个例句可以配以图片展示，第三个句子通过“一个很难的问题，大家都不懂”这一情境导入（需要指出，后来产生的情境法等都可以看成在某方面对直接法的继承）。

汉语学习的最重要的目的是用于实际的交际。交际是以句子为单位的，通过句子学习词语，学生不仅能较好地掌握词语的含义，还能明白词语的具体使用，为提高交际能力奠定基础。

（3）运用直接法进行词汇教学的优势与局限

通过分析不难看出，用直接法进行词汇教学的优点主要是：利用母语进行教学，使母语对目的语学习的干扰降低；将生活中的实物与目的语的学习直接联系，强化了记忆；注重口语交际，提高了语言的实用性；生动多样的教学形式，使课堂教学更加有趣，进而激发学生的学习兴趣，帮助他们更好地掌握汉语。

同时，直接法也有其自身的局限性：排除母语教学在现实中很难做到，尤其在中高级汉语词汇教学中，仅靠直接法教学反而会妨碍学生对生词的掌握；一些具体的名词、动词的讲解利用直接法比较有效，但一些比较抽象的词语很难通过直接法进行教学；许多词语除概念义之外，还有其附属义（即形象色彩、语体色彩、感情色彩），仅靠直接法教学是不能使学生明白的；仅重视口语会使学生对词语的掌握不够牢固。鉴于此，在认识到直接法在对外汉语词汇教学中的优势的同时，也要清楚地了解它的局限性，并搭配其他教学方式弥补其不足，以达到更好的词汇教学效果。

2. 字本位在对外汉语词汇教学中的运用

（1）词汇主导模式下的汉字教学特点

①汉字是个相对独立的系统

按照通行的文字理论，文字是基于书写语言的需要而产生的。世界上所有自源性的文字体系最初都是象形表意的。究其原因，还是汉字与汉语相匹配。在汉字发展的早期，人们也曾大量使用记音的方法造字。不过，汉字的音符始终都是临时借用的，它没有发展成为专门的固定的表音符号，如假借字和形声字的音符。为了区别同音现象，形声字大量产生。

汉语宁可容忍同音现象，用形声造字法来解决这一问题，宁可将单音节词双音步化，宁可在语序和虚词方面多做文章，也绝不在单音节语素上增加音节来区别语义。基于此，汉字始终没有向纯表音文字过渡的自然趋势。汉字的特质，给熟悉表音文字的学习者造成了特殊的困难。

②词汇主导模式中汉字的作用

汉语词汇中的同音现象很突出，因为汉语词的音节结构简单。古汉语词单音节占优势，一音一词一字，同音词和异读词很多。现代汉语词双音节占优势，很大程度上减轻了汉语词的同音现象，但随着词汇系统增容，同音现象还是不可避免。对外汉语教学中的汉字教学是相对独立的，但不是孤立的，不是单纯的识字教学，而是以汉语能力为依托的汉字教学，同时也是以汉字为核心的汉语教学。对外汉语教学以词汇为主导，汉字在词汇教学中肩负有辨音、正义的作用，是词汇教学的有力支撑。

③“字本位”理论的实用价值

对外汉语教学中一直存在着“本位”之争。近年来，“字本位”曾有一度压倒“词本位”的趋势。“字本位”理论的贡献在于对“字”进行了重新界定。如果按照结构主义语言学的观点，语言是分为表达系统和内容系统的，汉语的语素只能看作表达系统的单位，处在语言线性系统的最低一级。而汉语的“字”却是一个非线性的单位，是音义的结合，兼跨表达系统和内容系统。“字”有顽强的表意性，语义是它的核心，“字”关联的语音形式直接对应概念，是汉语的基本结构单位。我们不难发现，“字本位”理论中的“字”不再是纯粹文字学意义上的字，而是指“词”的视觉形式，汉字是形、音、义的综合体。所以，对外汉字教学属于语言学范畴，不属于文字学范畴。

(2) 以“字本位”为基础加强对外汉语词汇教学的方法

①构建教学字库

汉字是以汉语词为依托的，所以汉字教学字库的建立要充分考虑教学词库。在教学词库的基础上建构教学字库，是汉字教学的中心内容。当然，汉字字库的建构原则有其特殊性。教学词库包括心理词库、即知词库和欲知词库，与之匹配的字库却不能这样分区。汉字文化圈里的学习者，稍不留意，轻率地以本国文字建立起“心理字库”，往往会造成负迁移。汉字教学字库不能简单地对应教学词库，应该根据汉字的特点建构。汉字是形、音、义的综合体，因此可以分别依据这几个要素构建子字库：字形字库、字音字库、字义字库。

②加强教学词库建设

词汇主导模式的对外汉语教学首先要建立教学词库。教学词库应该包括心理词库、即知词库和欲知词库。心理词库的内容是已知的，是学习者已经储备在头脑中的词汇。即知词库是指汉语教材中出现的，课堂教学要求掌握的词汇。欲知词库是指学习者想知道又不知道的词汇。对外汉语教学词库以心理词库为前提，以即知词库为根本，逐步扩展欲知词库，是个动态建立的词汇系统。

③推行“写念认说查”层次教学方法

在实际汉字教学中，教授生字时，教师首先在黑板上示范生字的写法，包括笔顺、笔形等。这种示范应该是正确的、规范的、慢节奏的，保证每一个学生都能看到生字的书写方法。当教师在黑板上示范书写了一个生字之后应该立刻为该字注释拼音。学界对汉字教授的方法有各种不同的意见，如部件法、笔画法，以及重视汉字的形旁或声旁，讲授典型汉字造字法，介绍汉字背后的文化和故事等。应用汉字时，可以根据联系法、归类法、联想法等方法来将汉语的教学从字扩展到词。教授过程完成以后，教师应该在反复的训练和复习中数次检查学生是否正确掌握了所学生字。查，是一个长期而持续的工作，教师可以当堂检查，可以下一节课检查，也可以是在今后的教学过程中用到该字的时候再检查。

第三节　对外汉语词汇教学的方法

一、词语讲解的方法

词语既是词汇成员又是语法结构单位，它本身具有词汇意义，同时又是语法意义的承担者和体现者，因而词语讲解在汉语词汇教学中占有极其重要的位置。在词汇教学中如何解释词义以让学生更好地理解词义，需要教师在教学中运用具体有效的技巧。

(一) 直观释义法

直观释义是借助实物、图片、幻灯片、动作演示等直观、形象的教学手段来解释词义的方法。它利用语言习得的认知规律，直接把目的语词汇的形音义与具体的物象、情状融为一体，省却了依靠学生母语翻译这一中间环节，既便于理解，又可加深记忆。

1. 肢体教学法

教师运用夸张、丰富的手势动作乃至肢体语言发出简洁明确的信号，替代语言符号辅导教学。运用手势和肢体语言的优点是形象生动直观，能够给学生带来轻松愉悦的感受，活跃课堂气氛。

2. 游戏教学法

用游戏的形式展开教学，学生在欢乐活泼的活动过程中不知不觉地学到了课本上的语言知识。游戏具有两个缺一不可的特性：一是以直接获得快感（包括生理和心理的愉悦）为主要目的；二是主体参与互动。主体参与互动是指主体动作、语言、表情等变化与获得快感的刺激方式及刺激程度有直接联系。

3. 情境教学法

情境教学法是指在教学过程中，教师有目的地引入或创设带有一定情绪色彩的、以形象为主体的生动具体的场景，以引起学生一定的态度体验，从而帮助学生理解教材，并使学生的心理机能得到发展的教学方法。情境教学法使学习活动成为学生主动进行的、快乐的事情，从而有效地促进语言认知和语言技能的训练。

除了上述这些直观教学法，还有诗歌朗诵、音乐欣赏、旅游观光等方法，这些方法都能够寓教学内容于具体形象的情境之中，潜移默化，寓教于乐。总之，在非汉文化国家教学汉语，教学方法灵活多样，但都要最大限度地以直观的形象展示出来，缩短语言和意义之间的距离，让学生能迅速明了意义，使他们对汉语学习有兴趣。

（二）以旧词释新词

以旧释新是指用已经学过的汉语词汇来解释新词。学生在学习语言的过程中往往习惯于借助母语翻译，这不利于汉语思维方式的养成，其汉语水平的提高也受到限制，而且两种语言都有不同文化背景和语法用义，在翻译的过程当中自然也会有偏差，这就导致学生不能正确地掌握汉语词汇的本义。另外，查阅汉语词典虽然可以找到较准确的解释，但词典的释义中会有很多陌生的词语，更不易于学生理解和掌握。因此，借助以前学过的词语来解释，既能使学习内容简单化，也降低了学生学习新词的难度。以旧词解释新词，不但可以帮助学生摆脱母语翻译的局限，正确地理解词义，而且可以复习、巩固所学过的词语，提高他们的汉语表达能力。

（三）语素推测法

语素推测法指学生根据学过的词语中的旧语素的意义来推测新词的意义。汉语词汇的一个重要特点就是用少量语素形成大量合成词。利用这一特点，教师可以有意识地培养学生由语素推测合词意义的能力。例如：注重——注意＋重视；雪白——像雪一样白。

（四）语境释义法

语境释义法指通过具体的语言环境，使词汇意义通过与该词前后的语言信息相互作用而得到方便、直接的体现。在汉语词汇中有些词语有多层意思，它们在不同的语境中体现出不同的意义，这就需要学生结合语境分析、理解词语的意思。

（五）近（反）义词对比法

近（反）义词对比法是指将学过的词义相近（反）的词与新词进行对比学习，向学生讲清它们的共性与个性。随着学生汉语词汇量的增加，他们碰到的近义词会越来越多，若不对近义词做适当的比较，会直接影响学生比较准确、得体地用汉语组织语言进行口头或书面交际。

对外汉语教师要加强汉外词汇的对比研究，善于简明扼要地指出汉语词汇与其对应的学生母语对应词的语义、语用差异，在汉语与学生母语的词汇对比中解释词义。

（六）归类解释法

词义具有概括性和模糊性，因此，对一些比较简单但又不好解释的词语可以采用把需要解释的词语进行归类的方法进行笼统的解释。如“杉树”是一种树木、“轮船”是一种海上交通工具、“马甲”是一种服装，这样概念性的解释有助于学生对词汇进行正确归类。

二、词语练习的方法

词语除了课堂上简单的认知外，还需要经过反复运用、记忆才能掌握牢固。教师平时上课要有意识地将前面教过的词语吸收到课堂用语中，加深学生印象。同时，词语练习、巩固的方法与技巧的多样化也很关键。

（一）朗读法

朗读是指自觉运用语音技巧对书面语言进行艺术加工。把视觉形象转换为听觉形象，准确生动地再现书面语音所表达的思想感情。汉语是一种非常有韵味、有美感的语言，而这种韵味、美感是非朗读、吟诵不能体味的。很多外国人说汉语的时候之所以“洋腔洋调”，就是因为他们没能把握汉语的神韵。对外汉语教学以培养汉语交际能力为目的，如果培养出的学生不能说一口地道的汉语，那么，教学就不能说是成功的，而朗读对听说以及阅读能力的培养具有不可替代的作用。

1. 朗读与朗读教学

何谓“朗读”，“朗”有“明亮”“响亮”之意。依此，朗读的本意就是响亮、大声地念（读）出来。《简明心理学辞典》对“朗读”作了这样的界定：“朗读是通过言语器官将所感知到的文字材料念出来，并由听觉器官把信息传达到大脑以达到理解的阅读方式。”显然，以上从词典意义、心理学视角对朗读的阐释都不是语文教学中“朗读”的应有之义，没有抓住其最本质的内涵。语文教学中的“朗读”应该是文本信息的口语再现及再创造，它不是见字读音的直觉过程，更不是简单的文本声音化。朗读既是一种阅读理解、体味欣赏活动，又是一种文学审美活动，也是阅读教学的重要内容和语文技能训练的形式之一。它不仅仅是阅读方法，更是学生传达与表现理解的重要方式。但是，对外汉语教学中的朗读与普通语文教学中的朗读不同，对外汉语教学中的朗读要求应该比普通语文教学中的朗读要求低一点。在对外汉语语音教学中，朗读应该是用标准的普通话将书面语言大声地并带有一定感情地读出来，在朗读的过程中加强对文章的记忆，体会文章的情感，感受中华文化的内涵。

对外汉语教学中，朗读教学与朗读既有联系，又有区别。朗读教学离不开朗读，朗读无疑是衡量朗读教学活动的一个标尺，学生朗读能力的强弱一定程度上也体现出朗读教学的水平高低。但朗读不等于朗读教学，不要以为只要有了“琅琅书声”，有了朗读的形式，就必有朗读教学。在对外汉语教学过程中，朗读教学就是通过教师的讲授、示范和辅导，学生在对汉语的语调、重音、停顿、节律等有所了解的基础上，对特选教材进行有感情的朗读，学习朗读的基本知识和技能，达到加深记忆、熟知课文、更好地接受中华文化的目的。

2. 朗读在对外汉语教学中的功能

（1）监听纠正

朗读最重要、最基本的功能就是监听纠正。监听纠正可以分为自我监听纠正和他人监听纠正两种。自我监听纠正是在朗读过程中充分发挥主观能动性，对自己所读出的声音进行有意识地监听和辨别，发现错误及时纠正。这是极其重要的方法，因为这一方法随时随地都可以使用。他人监听纠正是通过他人对朗读过程的监听，发现错误并进行纠正的一种方法。他人可以是教师，也可以是同学或其他汉语水平较高的人。通过不断循环“朗读—监听—纠正”这一过程，学生的朗读水平自然会得到明显提高。朗读水平的提高必然会带动听力、说话甚至阅读理解能力的提高。

（2）培养语感

朗读的另一重要功能就是培养语感。朗读不同于说话，但朗读对说话很有帮助，大声朗读可以增强语音、语义和语法的感受力。一篇词汇丰富、语言精彩的文章，如果能反复诵读，熟读成诵，那么，文章的语言就可化作自己的语言。朗读可以培养语感，帮助学生养成良好的发音习惯。朗读是一种反复的口头训练。反复朗读，不仅能练习汉语发音，更重要的是能习惯汉语语言要素的组合规律，形成正确的语感。

语感主要包括语音感、语义感、语法感和语用感。朗读是把书面语言转化为有声语言的再创造活动。朗读作品，首先要注重语音规范，这是朗读作品的基本条件。唯有把语音读准，才能准确地传达出原作的思想内容。在培养学生的语音感时，可以利用绕口令来增强学生的辨音能力，也可以把发音相近的句子，如“肚子饱了”和“兔子跑了”等让学生反复地进行朗读练习。在此基础上，才有可能把学生的朗读能力提高到一个更高的层次，使朗读具有艺术的魅力。

在对外汉语教学中不能大讲特讲语法，除了精讲活练以外，培养语法感最有效的手段就是朗读了。进行了大量朗读练习之后，语法就会内化为自己的语感，既不会说出状语分句在后的“欧化句”，也不会把定语放在中心语之后。

语用感的培养更是离不开朗读。不管教师对语用知识讲得多细多深，要想让学生真正把握这些知识，还必须让他们在现实交际中进行运用。对一些作品进行反复朗读、细心揣摩之后，如何提出问题，如何进行回答，有了上句，该如何接出下句，往往都不是靠教师的讲解所能掌握的。

（3）体味韵律

汉语是有节奏韵律的语言。“节律”的语感是对言语深层的解读和认知。汉语节律包括停延、重音、句调、基调和节奏等，存在于音节、音步、气群、句调、句调群、段落和篇章的不同层次中。由于节律大多没有书面标记，有不少信息便流失了。所以，朗读作品只有通过“字里码”和“节律码”的双重编码，也就是通过节律朗读，才能把作者隐含在“字里行间”的思想感情读出来。节律朗读还产生了语音链上的音乐美，学起来轻松愉快。无论是母语教学还是对外汉语教学，采用节律朗读教学法，可有效地培养学生的语感，提高学生的汉语理解能力和表达能力。

汉语语音不仅是传达感情、塑造形象、传递信息的元素，还是表现汉语韵律美的有效手段。古人读书时，读到佳妙处，常常是摇头晃脑、拊掌击节，所读之物，仿佛从他心中流出。这是因为优美的韵律使人进入一种忘情的境界。韵律为声情并茂的朗读提供了基础。对外国学生来说，苛求他们表达上的完美无缺，是勉为其难的事情。然而，大量的朗读练习和不断进行体验感受，为汉语学习带来的好处是显而易见的。同时，只有让外国学生体会到汉语的音韵之美，才能增强汉语的吸引力，提高他们学习汉语的兴趣。

（4）感受结构

汉语具有独特的结构，比如名词谓语句、形容词谓语句、主谓谓语句等。汉语中的对称现象特别普遍，从词汇的构成，到音节的配合，再到句子的形成，无不体现了对称美。汉语的对称美与古已有之的对立统一的思维习惯以及对称和谐的文化心理是分不开的。汉语的各级语言单位在使用时都特别讲究对称，很多的组合既符合语法，也符合逻辑，却被认为是不妥的，主要是因为结构没有达到对称的要求。比如，“红花绿叶”，如果说成“鲜红的花和绿叶”就会觉得很别扭，但说成“鲜红的花和碧绿的叶”就没问题，因为这属对称和谐的结构。词语的双音化充分地体现了对称的要求，词内呈现出完美的对称。为了达到对称，不管是单音节词，还是多音节词，都呈现双音化的趋势。

在句子方面，不管是句内，还是句外，都非常讲究结构的对称性。单音节与单音节连用，显得和顺整齐；双音节与双音节搭配，显得铿锵有力。如果单双音节混合排列，就会不顺畅。因此应特别注意音节配合。例如：“一眼望去，疏疏的林，淡淡的月，衬着蓝蓝的天。”其中，“疏疏”“淡淡”“蓝蓝”都是重叠式的合成词，“林”“月”“天”都是单音节词，前后对称，音韵和谐，充分体现出汉语的和谐对称之美。而这种美也只有通过正确的朗读才能充分地感受、体会、领悟和掌握。这种对称也和前面谈到的“节律”密切相关。

总之，朗读可以帮助外国学生进行有效的监听纠正，并培养学生的语感。朗读能够让外国学生充分品味汉语韵律并感受汉语结构，对学生的听说以及阅读能力的培养会起到非常积极的作用。因此，在对外汉语教学中，教师应当积极研究指导学生朗读的方法，激发他们对汉语的兴趣，从而有效地提高他们的汉语水平。

3. 朗读的主要形式

(1) 齐读法

齐读可以提高教学效率。由于每节课的时间有限，让每一个学生在课堂上独立读几乎不可能，齐读则可以解决这一问题，使学生在短时间里能反复朗读。如果学生读得整齐，教师完全可以发现个别学生的错误。同时，琅琅的读书声产生的美感和语音刺激往往能激起学生更强的朗读欲望，从而形成学习的良性循环。另外，齐读亦能满足不同水平的学生的学习需求。在朗读的过程中，基础差的学生可以只认读字词，训练发音；基础好的学生可以领会揣摩词句的意合规则、语句的表达；基础更好的学生可以体会句段结构和第二语言的思维惯式。

(2) 角色分读法

角色分读法在提高学生朗读兴趣、训练学生朗读思维、提高学生想象能力方面起着重要作用。通过角色分工，让多名学生合作完成一篇课文或片段的训练，能够活跃课堂学习气氛，调动学生学习汉语的积极性、主动性。一次高质量的角色朗读，甚至可以代替烦琐的课文分析，化繁为简，让学生在充满激情的角色体验中品味语言，驾驭情感，领会主旨。当然，分角色朗读有一定的适用范围，对文章有一定的要求，以不同人物的不同语言展现各异性格特征的选文比较合适。

在对外汉语语音教学中，教师要对朗读教学法以足够的重视。教师要给学生以足够的时间和空间去朗读，使朗读成为课堂语音教学的“热点”，让学生在朗读中加深理解和体验，有所感悟和思考，受到情感熏陶，获得思想启迪，享受汉语学习的乐趣。当然，在朗读教学中依旧存在很多的问题，如适合的朗读材料匮乏、学生对朗读材料的预习程度不够等，这些都有待我们继续探索，以寻求解决之法。

(二) 选词填空法

在对外汉语教学体系中，词汇教学占非常重要的地位，是学生学习和理解课文的前提，是学生掌握和扩大词汇量的重要手段。如何让学生在短时间内认识、理解、记忆词语，并最终能熟练运用所学词语进行交际，是每个汉语教师所关注的问题。

1. 从词性上看，详讲虚词，略讲实词

汉语词汇中，名词、动词、形容词、叹词、象声词等，因为其词义具体，所指对象明确，所以可以在课堂上略讲，甚至一带而过。而介词、连词、副词等虚词，因词义抽象、理解困难，是学生学习的难点，所以要挑出来详细讲。

（1）介词

介词是汉语教学的一个难点，汉语中的介词虽然不是很多，但其搭配却非常广泛。从意义上看，它们可以引出时间（当、在、从、离），引出方向（向、往、朝），引出对象（对、跟、和、比、为、给），引出目的、原因（为、为了），引出施事或受事（把、被、叫、让），或者表示排除或加合等。另外，很多介词的词义是从动词或名词虚化而来的，介词词义与原义有什么不同，用法上有什么不同等，都是学生关心的问题。如“在”，既可做动词，又可做介词，教学中必须给学生指明。

（2）副词

副词出现在动词前，作用是对动词的时间、范围、程度、频率、语气、情态等方面进行描写、修饰、限制。副词的意义比较晦涩，不太容易懂，是词汇教学中的难点和重点。对于副词的教授，首先，教师要引导学生注意副词与副词之间的区别。例如：同是表示时间的副词，“已经”“正在”“总是”有着明显的意义差别。“已经”是指过去发生的事；“正在”是表示正在发生的动作或存在着的现状；“总是”则是时间范围内从起点到终点动作或状态的持续存在。教师把这些细微的差别教给学生，就能加深其印象，也有利于其理解。其次，教师要引导学生注意副词所表达的内容上的细微差别。如“挺好”与“特好”等。

（3）连词

连词有的用来连接词和词组，有的用来连接两个分句。前者如

“和”（我和你，老虎和狮子），后者如“不但……而且……”（不但好吃，而且好看）。对于连词的教学，教师要引导学生注意连词所连成分之间的关系，如是相近还是相反，是递进还是递减等。对于连接分句的连词，要注意思考前后两个分句意义的联系。

（4）助词

助词，顾名思义，就是本身没有语法意义，依附在其他词语身上，与之一起发挥语法作用。如“的”“地”“得”。“的”与名词、代词、形容词等一起使用，出现在名词前面，对名词的大小、颜色、性质、归属等方面进行修饰、限制、说明。“地”与副词、形容词等词语一起，出现在动词前，对动作或状态进行描写。“得”出现在动词后，引进补语，补充说明动作的结果、程度、时间、数量等。汉语中的助词不多，但教起来却不容易，学生也难以把握。讲解这类词语时，教师首先要注意它助什么词；其次要注意它位于所助词语的前面还是后面。此外，对于某些助词相互之间的细微差别，教师也要向学生指明。

2. 从文化角度上看，典型的文化词语应该教给学生

所谓典型的文化词语，是指那些因汉民族特有的文化现象而产生的词语，如“红娘”“旗袍”“月老”等。在学生所属的民族中，没有相似的文化现象，也就没有相对应的词语。如“红娘”原是《西厢记》里的一个角色，因为其热情地为男女主人公张罗婚事而成为媒婆的代名词。在教学过程中，一旦遇到这样的词语，教师一定要给学生解释清楚，不然学生就会望文生义，将词语的意思理解错误。文化词语的讲解，一方面扩大了学生的词汇量，另一方面也向学生介绍了汉民族特有的文化现象，易引起学生的兴趣，是促进学生进一步学习汉语和汉族文化的有效方法。

3. 从词的意义出发来看，向学生讲解多义、反义、近义、同义词要讲解

词，是一个音义结合体，词所概括的意义就是词义。有的词义概括得比较具体，就成了实词，有的词义概括得比较抽象，就成了虚词。在

教学中，对词义上有同义、反义、近义等关系的词语进行比较学习，可以加深学生对词语的印象，从而收到较好的教学效果。

多义词具有两个或两个以上的义项。例如："打"，可以有"打人""打篮球""打开水""打的"等组合形式，同一个"打"却表示了不同的含义。不建议多义词第一次出现时，马上就把所有义项都讲解给学生听，那样只会增加学生的记忆负担。当一个新的义项出现时，教师给学生归纳总结多义词的意义和用法，有利于学生区分多义词各义项之间的关系，从而达到正确理解和运用的目的。

如果两个词的词义相反或相对，那么这两个词就是反义词。相反是指绝对对立，肯定一方就是否定另一方，否定一方就是肯定另一方。相对，是指相对对立，即肯定一方必否定另一方，但否定另一方不一定肯定这一方。词义之间存在着相对的第三层词义。例如，"黑"与"白"，在这两个词语中间，还有灰白、浅黑等中间状态的存在。在学习生词时，如果有成对出现的反义词，当然更好，可以联系起来记忆，减轻记忆负担。如没有成对出现的反义词，教师可引导学生复习已学过的反义词，这样既复习了旧词，又巩固和加深了对新词的印象。

意义相近的一组词，可以称为近义词。近义词的教学，关键是近义词的辨析，并在辨析的基础上，区分它们的用法。近义词辨析应根据词性的具体不同进行：对于名词，可从大小、色彩等方面进行辨析；对于动词，可从动作的施事与受事、动作的目的及定语等角度进行辨析；对于形容词，可从描写对象、重叠以及语法功能等方面进行辨析等。方法是多种多样的，每位教师可找出适合自己的具体方法。

总而言之，教师只有从众多的词语中挑出有代表性的词语进行讲解，才能节约教学时间，增加练习词语的时间，从而取得最佳的教学效果。

第三章　跨文化视角下对外汉语语言技能教学

受到不同文化的制约，对外汉语课堂教学应充分考虑不同文化背景下学生的语言特点，在此基础上对其开展教学活动。对外汉语教师在进行语言教学的同时，应不断扫除跨文化交际障碍，传播中华文化。本章内容就对跨文化视角下对外汉语语言技能教学进行具体研究。

第一节　对外汉语听力技能教学

对外汉语听力教学主要是为了提高学生的听力技能，在对外汉语听力教学中，教师应通过各种有意识的教学手段帮助学生结合中国的文化环境，准确理解所给材料，不断培养和提高学生听话和理解的能力，进而达到顺利沟通交流的教学目的。

一、影响听力教学的内外因素

（一）外部因素

1．文化环境

因为文化背景的不同，对外课堂教学时也就存在各种各样的问题，直接的影响就是思维方式和听力习惯，这对教师和学生来说都是一个挑战。其次的问题来自世界观、价值观、审美标准和价值取向等的差异，学习语言更要学习文化，教授语言不仅要传播文化，还要以包容的心态理解、尊重其他文化。在初级听力课堂上的听、说、读、写直接与文化习惯挂钩，因此，在上课之前，教师应该做好功课，了解不同文化背景下学生的风俗习惯，避开各种文化禁忌，多关注双方的文化共通点，努力营造一个平等、和谐的多元文化环境，既尊重他人，更要尊重自己。

2. 课堂环境

具体的课堂环境包括两方面的内容：一是音质环境，二是课堂语言环境。如今的听力课堂离不开多媒体设备，各种语音材料的效果和教室设备的品质对听力理解有很大的影响。特别是录音材料的音质和现实环境中的听力效果有着很大的不同。录音材料是正规标准的汉语发音，在节奏、读音、轻重音等方面都有着严格的要求，录音者必须咬字、发音清楚，语速适宜，要适合汉语学习者学习的实际情况。而在真实的语言环境里，则有方言浓厚、发音不清晰、模糊音多等许多问题，这容易给初学者较大的心理负担，挫伤他们的学习积极性。所以，对外汉语听力教学活动应该与现实的语言环境相联系，让学生的听力学习更有实用性。另外，课堂上教师和学生、学生和学生之间的教学用语也对听力学习有很大的影响。对学生听力能力的养成来说，一个全汉语的课堂环境比起全母语的课堂环境肯定更为有利。然而，由于学生基础有限，初级听力课堂一般会较少使用汉语，多用学生母语或者中介语来便于学生理解，提高教学效率。

3. 目标要求

对学生听力学习的目标要求也影响到听力课的教学效果。教学目的不同，具体的要求就不同。这些要求有时在于对听力内容的整体语境和意义的把握，有时只要求对关键字词甚至语句的捕捉。对于学习程度不同的学生，听力教学的目标也不尽相同。一般来说，初级听力教学只要求拥有简单对话的听说能力，中级听力教学要求更高难度的词汇和语法实力，高级听力教学则要求有学术性的或者更加生活化的听力能力。例如在 HSK 等级考试中，听力方面的题型就反映出听力教学的不同目标。在教学实践中，教师应该因时制宜，在不同教学阶段，对待不同基础的学生，把握不同的教学重点，这样才能节省课堂时间，提高教学效率。

4. 难易程度

听力内容的选取对听力学习的影响至关重要。听力材料如果难度过高，包含过多的生词和有难度的语句，会影响学生的学习效果。尤其是对于初学者来说，一旦伤害到其学习的积极性和自信心，则会影响其整个对外汉语学习的效果。相反，如果听力材料过于简单，容易削弱学生的课堂参与度甚至其学习汉语的热情，也不利于学生进一步学习汉语。所以，听力内容难易程度的掌握，需要教师及时把握、适时调整。一般情况下应该选择难易程度适中的、与学生的日常生活有关或者在学生理解范围之内的内容。对于初学者而言，听力内容主要取自初级交际会话，一方面便于学生理解，对于在中国的汉语学习者来说，还能帮助其应对基本的生活问题；另一方面，这些与基本生活有关的日常对话更能培养学生的汉语语感，有利于他们的汉语学习。

（二）内部因素

1. 学习动机

一般认为，学习动机不强会削弱学习的兴趣，降低学习的效率；而学习动机过强也会，也会影响到学习的持续性和长久性，不利于学习成果的保持。此外，学习内容的难度和学习动机及学习效率有紧密的联系。

2. 认知风格

认知风格是心理学中的一个概念，它指人们感知和认知世界的方式。个体的认知风格主要是指场依存性和场独立性。场依存性比较易于感知事物的整体，而场独立性强调从整体中感知个体。在学习知识时，场依存性偏重于形象思维，要求教师组织结构严密的教学，提供条理清晰的讲授提纲，进行系统而明确的讲解；场独立性逻辑倾向较突出，学习上不是很关注教学结构的完整性，能够独立地对教学材料进行整理和结构化。很难说哪一种认知方式更好，这要视具体的学习任务而定。认知风格不代表个人的性格和能力，通过对认知风格的观察我们能了解到学生的学习风格、学习方法、学习兴趣和学习成绩，不同的学生个体会有不同的认知风格，而他们特有的认知风格会影响到他们学习的过程和结果。教师了解学生的认知风格，学生了解自己的认知风格，都有利于在具体的教与学过程中找到彼此最适合的方式，实现教学效率的最大化。

二、听力教学的任务

对学生开展听力教学，主要是为了提升其听力技能。听力能力综合了听力速度、记忆、判断、概括等多项因素，是对语音、语法及词汇综合运用的能力。因此，为提高学生听力，听力教学应培养学生以下几方面能力。

(一) 培养学生听音辨调与语流切分的能力

1. 听音辨调

音节是汉语在语音上的基本感知单位。声母、韵母和声调是音节的重要组成部分，任何一个部分的差异都可能会形成不同的词汇，表达出不同的意思。

所谓听音辨调，是指听清和辨别汉语的每一个音节的声韵调以及音节与音节的组合，并且理解它所代表的词的意思。通过听力训练，学生能够对一串音节中的一个个的词进行解析。由于汉语中存在大量的同音词、近音词，外国学生在听辨意义时常常遇到困难。例如，常常把“饱”听成“跑”，把“汽车”听成“骑车”等，对整个句子产生误解。因此，听力教学首先要培养学生的汉语音感和提高学生听觉器官辨析汉语语音的灵敏度。

另外，重音、语调也具有区别语义的作用。词重音的位移可以表达不同的语法意义，具有辨析语义的功能。例如，“他是英国人”这一句话，当重音在“他”上，回答的是“谁是英国人”的问题；而重音在“英国人”上，则回答的是“他是哪国人”的问题。通过语调，我们能够感知说话者的态度或意图，进而顺利进行言语交际。例如，针对“你喜欢他吗?”这一问题，同样是回答“我喜欢他”，用降调表示肯定，用升调则表示否定。因此，在具体的听力教学中，教师要注意结合具体语境对学生进行相关训练，使学生能够根据汉语口语中的重音、语调、节律准确领会说话者想要表达的意思。

2. 语流切分

语流切分主要是为了更好地理解义群，识别句中停顿。同样一句话，有时由于停顿的不同，其表达的意义也会完全不同。例如，“广东队打败了，八一队获得冠军”与“广东队打败了八一队，获得冠军”。在理解一些长句时，学生往往由于不能正确切分语流而产生疑惑。例如，根据“我一九九六年去过美国，这是第二次去。”给出的信息提问“我第一次去美国是哪一年?”，这样的问题虽然看着比较简单，但由于一些学生将“一”跟“我”连在一起，就不知道如何作答了。

（二）培养学生对句法结构认知的能力

虽然学生对句法结构知识的掌握主要是通过综合课完成的，但听力教学能够有效强化学生对所学语法知识的理解与运用。汉语由于不存在形态上的变化，因此主要通过语序与虚词实现不同语法意义的表达，在听力教学中要对其予以充分重视。例如，“我告诉他”与“他告诉我”由于词序不同，其表达的意义也不相同；“我买的苹果”与“我买苹果”因有无虚词“的”而表达了不同的句法意义。此外，汉语中修饰语通常都放在被修饰的成分之前，且因受到短时记忆的限制，中心语前面的修饰语不应该太多、太复杂。为提高学生的听力能力，教师应引导学生对语法有一个全面深刻的认识，不断丰富学生的语法知识。

（三）培养学生的记忆储存能力

听力理解综合了注意、记忆、思考、综合判断等过程。学生通过听将词语和语法结构组成的新信息与大脑中已储存的信息进行联系，进而领会其中要表达的意思。可见，记忆在听力理解中发挥着十分重要的作用。

记忆主要包括短时记忆和长时记忆。通过再现和重复，学生能够将听力材料转化为长时记忆储存在大脑中，使之再参加解码和重新编码的活动。在此过程中，学生不断提升听力能力。

（四）培养学生捕捉主要信息的能力

听力教学应引导学生准确认识汉语意义表达的规律，筛选出核心信息及有用信息，进而抓住说话者话语表达的关键意思。要准确捕捉话语信息，最主要的是听句子中的名词和动词，其次是虚词。例如，在“请你把门打开”这句话中，“打开”“门”是两个最重要的传达信息的词，加上表示处置义的“把”这个虚词，就很容易明白话语意思。

（五）培养学生抓细节以及精听的能力

在准确捕捉核心信息的基础上，教师应引导学生对语言中关键的、具体的信息进行准确听辨，从听力的形式上进行区分，即“精听”。

听话人所听的材料往往是与具体的人物、语境、时间、地点相联系的，只有准确把握这些细节性信息，准确把握论述的论据、事例等，才能准确理解材料想要表达的内容。而想要获取细节性信息，既要能够准确听辨、识别语音，还要不断提升记忆能力、记录速度。因此，在听力教学中，教师要培养学生边听边记的习惯，指导其采用最快捷的方式迅速记录下关键信息。

（六）培养学生联想、猜测和预测的能力

猜测、估计、想象在听力理解过程中发挥着重要的作用，因此，要想提升学生的听力能力，不仅要使其积累丰富的词汇、语法知识，还应指导其运用联想、猜测与预测对听力内容进行理解，这是听力理解的基本技能。例如，当听到“虽然”，就可以预测到下面谈的意思会发生转折。另外，还应根据句意进行猜测。

（七）培养学生快速反馈的能力

听力理解的过程是意义建立的过程，但在意义建立的同时，理解过程并不会停止，这就需要听者根据对语言的理解迅速做出反馈。如果话语本身传达的就是一个判断信息，听话人应将其作为新信息储存在记忆里；如果话语是要求做出判断或回答的，听话人就需要将新信息与记忆

里已储存的信息进行整合，进而得出相应的信息。

三、汉语听力课教学的原则

（一）综合性原则

由于受到一定语言基础的限制，对于学生初级听力能力的培养，是离不开语言综合能力的培养的。把听、说、读、写都结合在一起，从语音、汉字等各个基础方面开始教学，是初级汉语听力课最为显著的一个特点。教师在听力课堂伊始，并不明显区分读写、听说、汉字等课程，在这一时期的任何一门课程，其实都是“综合课”。在学生有了拼音、汉字等方面的一些基础以后，正式的听力教学才算开始。一般在两周到一个月的综合学习以后，初级汉语的各门课程都会走向正轨，此时，教师就可以有针对性地组织一些初级的听力训练。事实上，在听力教学的任何一个阶段，无论是初级的伊始阶段，还是后来的中级甚至高级阶段，听、说、读、写在教学实践的综合性，一直是教师需要注意的一个重要问题，教师和学生都不应该放弃其他汉语能力的培养方式，只关注听力教学。对外汉语教学中各项能力的培养，从来不是分离开的，而是你中有我、我中有你，离开了其他方面的课程教学，是不能被称为完整的课堂的。

（二）实践性原则

任何一门语言课，都离不开教师的躬身实践。这里的实践，主要包括了精讲多练、听说结合、突出重点和严格筛选等方面。实践性要求教师和学生都积极参与进来教学活动。语言学习重在多听多练，教师有必要对学生，尤其是对初学者多讲解多说明，同时结合听和说，鼓励学生多做练习，培养其开口说汉语的积极性和自信心。另外，在教材特别是听力材料的筛选上，教师要注意难度、语速、内容的适宜性，为学生的听力学习创造良好的环境。最后，在具体的课堂练习中，要注意把握练习的重点，严格控制听力内容的量，在适宜的环境下实现教学效率的最大化。

(三) 文化性原则

学习语言就是学习文化，学习语言更是为了学习文化。特别是对于初次接触汉语的学生来说，向他们传播中华文化也是教学的一个主要目的所在。同时，对于中华文化的兴趣和热爱更能激发学生学习汉语的热情。教师在教学过程中，不应只顾教材，根据教材照本宣科，更应该把文化输出和教学实际结合起来，在遵从教材的前提下，尽量向学生普及更多的中华文化知识，让学生在学习汉语的同时了解甚至爱上中华文化，才应该是对外汉语教学更主要的目的所在。与此同时，由于各地区文化习俗存在差异，不同地区的汉语教学应结合当地的语言文化色彩，把教学和文化融合在一起，如结合当地的俗语、惯用语等，让学生更好地学习汉语、了解中华文化。最重要的一点是，一定要尊重学生的文化习惯和风俗，尤其是对于刚到中国的留学生而言，一定要照顾到他们的文化习惯，尊重他们的文化风俗，尽可能消除因为文化碰撞而带来的敏感和不安，和学生建立良好的关系，这对于提高教学质量和效率有至关重要的作用。

四、听力教学的过程

听力教学的过程主要可分为听前准备、边听边做、听后练习三个阶段。

(一) 听前准备

所谓听前准备，主要是指让学生在听力开始前充分调用已经掌握的知识，对所听的材料进行预测、推断。例如，在听关于“大熊猫”的听力材料前，可以先告诉学生大熊猫是材料的主要关涉对象。如果材料中有大量学生不熟悉的信息，他们在听力过程中就会遇到重重障碍，因此教师在听力开始前要做一些铺垫。一段好的听力材料，要做到难易适当，让学生能够通过已掌握的知识以及猜测等技能，准确理解其中所传达的意思。如果一段听力材料学生基本上没有听懂，只能说明所选材料不符合学生的听力水平。

听前准备主要有两种方式。一种是关于内容的准备，这种准备是给学生设置某种情境，提供某种背景知识，避免学生听时毫无头绪的情况发生。另一种是所谓的先扫清语言障碍，即教师先把听力材料中生词（或语法结构）进行讲解，然后再让学生进行听力练习。

（二）边听边做

听力教学主要可通过面听（如教师念，学生听）、机听（如听录音或广播）、视听（如看录像听）三种方式进行。通常以机听为多。

在具体教学过程中，根据材料的难易、篇幅的长短，听的次数可以有所调整，但一般认为三遍左右较为适度。第一遍通常不停顿，要求学生对材料的大致内容有一个初步的理解，整体把握句子、段落、篇章。第二遍要求学生在听力任务的指引下，筛选出材料中的重要信息，也包括修正听第一遍的听辨错误。第三遍主要是对任务的正确性进行检查。

（三）听后练习

边听边做是在听力过程中完成听力理解任务。听后练习则是在听力结束后完成理解练习。另外，在中高级阶段的听力课上，还常使用另一种听后练习，即将听转移到说或写的活动上去。

五、听力教学的方式

听、说、读、写四项技能往往是综合运用的，因此，听力教学中应与其他方面的教学相结合，采用多种教学方式，具体如下。

（一）听与说结合

听说结合又可具体分为以下两种形式。

1. 先说后听

在听力教学的准备阶段，教师可以通过提问等方式让学生熟悉听的主题和任务，学生则通过“说”（回答）调用出大脑长期记忆贮存的各种知识，为“听”做准备。“说”是“听”的“热身运动”，通过“说”，学生熟悉了“听”的内容。但不要忘记“说”是为“听”做准备的，既不能让学生信马由缰地“说”，也不能“说”的时间太长。

2. 先听后说

先听后说主要是指学生在听完后，根据听的内容和教师布置的任务进行“说”，如回答问题、复述情节和大意、发表看法和评论等。这里的“说”是检查听力理解的重要手段和方法，主要检查学生是否听懂、理解了意思，练习“说”则是次要的目的，不要本末倒置。

(二) 听与读结合

阅读与听似乎关系不大，但其实在做听后判断正误或听后多项选择等题目时就已经是在“读”了。教师采用边听边看材料的方法，或听后再发给学生材料阅读的方法进行教学，有利于学生听力理解能力的提升。

(三) 听与写结合

听与写的结合，既可以是听写，也可以是边听边记，还可以是听后书面完成任务，比如回答问题、写出大意等。听写是全面检查学生语言能力的一种有效的手段，听写不仅仅是写汉字，还有理解的问题，如词的切分问题等。句子和段落应该是听写的重点，听的方式（教师念还是放录音）和语速则应该循序渐进。边听边记主要是记大致的东西，比如大致情节、主要意思、要点等。需要注意的是，理解是“记”的前提，只有理解了，才能抓住关键。这种练习能够为学生日后从事高层次专业的学习和工作奠定基础。

(四) 听与做结合

听与做主要是以完成另类任务的方式来检查听力理解。例如，边听边要求学生画一张路线简图，边听边让学生在黑板或图纸上指出听到的东西，要求学生按照听的指令或要求进行表演等。这种教学方式对听力材料的要求比较高，但能使学生注意力集中在听力材料的内容上。

(五) 听与听力策略培训结合

认知策略和元认知策略是影响听力的重要因素，认知策略是直接与听力的认知过程联系在一起的。例如，利用大脑的已有知识理解听力材料，猜测意义，跨越听力障碍，捕捉关键词语，等等。元认知策略包括计划、调整、组织、安排自己的听力活动，监控和评估自己的听力理解过程等。听力策略培训主要是为了让学生明确意识到自己听的方式，及时对自己使用的听力策略和方法进行调整。

从目前情况看，听力策略培训主要有两种方式。一种是结合实际的听力材料和听的活动进行。例如，在听前告诉学生听不同类型的听力材料的方法，或者在听后跟学生一起讨论听力理解的心得。另一种是开设专门的听力策略培训课或辅导讲座，从理论和实践两个方面帮助学生提高对策略的认识，从而在听力实践中去有意识地运用这些策略。

第二节 对外汉语口语技能教学

口语教学主要是训练学生在实际生活中准确运用汉语进行语言交际的能力，通过训练学生运用汉语准确表达自己的要求和想法的能力，使其能够在汉语文化语境下顺利进行交际活动。

一、口语教学的任务

口语教学的任务主要是培养学生对语音、词语、语句进行准确理解和运用的能力以及语言组织能力，下面对其进行具体分析。

（一）培养学生对语音的理解与运用能力

语音是学习语言的基础，只有学好语音，才能掌握语言表达技能。口语教学首先要让学生学好普通话的标准发音，包括声母、韵母和四个基本声调，以及除声、韵、调以外的语音规则，如轻声、儿化、变调等。在教学过程中，教师应对学生的错误发音进行纠正，培养其正确发音习惯。

（二）培养学生对词语的理解与运用能力

汉语词汇的积累对于学生对汉语的理解和运用至关重要，因此，口语教学要在扩充学生词汇量的同时，不断向其教授常用口语词和口语化的惯用表达方式，既包括有实在意义的，也包括只起强调语气作用的惯用语。在进行这些内容的教学时，应从语用规则入手，切忌概念化地讲解生词或孤立地拿出一个词让学生造句，最好创设相关情境，让学生在话语中对词语进行理解，继而能够准确运用。

（三）培养学生对语句的理解与运用能力

让学生掌握那些功能意义相同的各种表达方式也是对外汉语口语教学的重要任务之一，例如，表示感谢的说法有“谢谢”“多谢”“太感谢了”等。

（四）培养学生语言组织能力

对外汉语口语教学还讲究语言的组织，要求学生能在一定的情境下就某项功能进行基本会话。通过口语表达技能的训练，可以培养学生快速语言表达的能力、恰当地遣词造句的能力。

二、口语教学的特点

（一）互动性

具体的交际对象是使用口语的一个基本条件，没有了交互对象，就没有了口语的使用场合。可以说，口语教学也是教师与学生之间、学生与学生之间的一个互动过程。

口语交际不仅要做到语言形式的正确和语言运用的得体，更重要的是在互动过程中，双方要能理解彼此的意思。从这个意义上说，口语教学过程重视的也是语言意义的互相交流，但这并不意味着放弃语言形式。

（二）跨文化性

第一语言的交际能力对第二语言的交际能力有着重要的影响。由于人类的交际手段是在全人类共同发展的基础上形成的，具有相对的一致性，这使得人们在学习第二语言时，交际能力的正迁移得以实现。但语言毕竟是文化的载体，文化的多样性决定了语言交际的差异性。如果学生将母语的交际模式错误地套用在相应的汉语交际场合，就会违反汉语的交际惯例；如果学生不了解或不理解中国文化与自己文化之间的差异，就很可能对中国人的交际方式和语言行为进行误判。这就需要在进行口语教学时注重培养学生的跨文化意识。

（三）准确性和流利性

成功的口语交际取决于口语的质量，而高质量的口语主要表现为口语的准确性和流利性。

口语的准确性既是指语言内容的准确性，也是指语言知识运用的准确性。口语的流利性不仅仅是语速快，还应具有以下特点：谈话有连贯性、逻辑性；在一段时间内的谈话应该没有显著的停顿；谈话内容富有创造性和想象力；在各种不同场合说话时具有较强应变能力。

对外汉语口语教学应始终围绕着口语的准确性和流利性展开，但我们应该清楚地认识到，准确性在口语教学中是第一位的，它是流利性的基础。另外，对于准确性和流利性，不同的课堂练习是可以有所侧重的。而且，在对外汉语教学的不同阶段，面对不同水平的学生，训练策略也应相应地进行调整。

（四）交际性

交际性是口语教学的一大特点。在口语教学中，要重视口语的交际功能。说话是一种言语行为，是为了做事，是为了通过传递一定的信息进而达到交际的目的或意图，这就是所谓言语行为的功能。

由于口头交际具有“即兴”、临时、多变的特点，大量的口语是无计划、无准备的。这就需要学生结合具体的语境对词汇、语用规则进行理解，在语境中巩固语言知识。

三、口语教学的基本原则

在进行口语教学时，应遵循以下几点基本原则。

(一) 明确初、中、高级内容的重点

教师在开展口语教学时应做到因材施教，所选择的教学内容应根据学生所处的阶段有所侧重。初级口语教学注重语素教学和言语技能的训练，主要是让学生学会单句；而中高级口语教学则是注重语义交际技能的训练。

(二) 注重合作

在口语教学过程中，常常由于学生的汉语水平有限、语言能力不够、文化背景有差异、学生对讨论的话题没有兴趣或是不了解等原因而开展不下去。因此，在口语教学中，教师要充分考虑学生的知识水平、接收信息的能力和所处的社会语境，即遵循合作原则。

(三) 要注重两种言语的转换

在口语教学中，应该注意口语的产生和目的语口语的培养之间的差异。可以说，口语教学的主要任务是加速母语口语和目的语口语之间的转换过程，从运用母语思维表达逐步过渡到母语和目的语合用，而后基本用目的语来思维和表达。为实现两种言语的转换，口语教学应选择具有实用性、交际性的训练内容。

(四) 要对语句予以重现

只有多听多说，才有利于口语水平的提高。虽然在阅读、听力中已经含有很多能理解的词语、句子，但是口语中不一定能运用、说出。也就是说，在视听过程中掌握的词语、句子，已经形成长时记忆，但是它们在脑库的语言结构中不一定很完善，妨碍和影响了说话时对它们的匹配和提取。因此，学生只有大胆说出口，才能在口语表达方面取得进步。需要注意的是，目前的一些会话课本，其中的对话内容有一大部分是属于听的。虽然口语和听力之间是密不可分的，但从口语训练的角度来说，必须加强常用口语的练习，而不应花费过多的时间和精力在听的方面。

(五) 要留有足够的训练时间

通常来说，口语训练是讲究即兴的，很大一部分话语是在临时思索

和组织中产生的。在思索的过程中，需要不断进行推敲、斟酌，因此，难免会出现停顿、重复、纠正、插入等现象。这就需要教师在口语教学过程中留出足够的时间让学生进行训练。

四、口语教学的过程

教师组织口语教学的过程大体上可以分为：明确教学目标的过程、练习和运用的过程、反馈和评估的过程、保持和迁移的过程。

（一）明确教学目标的过程

在这个过程中，教师要向学生陈述和展示口语教学的目标和内容，以引起学生注意，让学生明确自己要做什么。这个过程可以通过几个方面来实施。

第一，让学生明确学习任务。教师要通过不同的方式告诉学生所要学习的内容将在何种场合下使用。例如，在学习“假日旅行”这样的口语材料时，应先告知学生这是关于订票、订房这样程序性用语的学习还是与度假方式有关的学习。

第二，刺激学生对过去学习的回忆。教师应了解学生在有关所学项目的学习记忆中是否已贮备了足够的支持性信息。同时，教师应给予学生适当的刺激（如通过提问等方式），让他们回忆相关的背景信息和语言信息，促使他们从记忆库中提取已有的知识和经验。

第三，呈现需学习的话语材料。教师可以通过文字阅读（课文、范文）、录音、视听媒体的演示或表演等方式呈现学习材料。

（二）练习和运用的过程

教师是练习和运用过程的指导者。在口语教学的初级阶段，教师如果确定语音、语调是练习重点，就会布置相对机械的模仿练习。而到了稍高阶段，情境对话练习就更多地被采纳。在这一过程中，需要注意的是：操练意义上的“说”跟交际意义上的“说”是不同的，后者是出于一定的交际目的，且说话双方存在着信息差（有未知信息，故要交际）。口语教学不能只停留在形式操练阶段，目标是使学生能够自由表达与交际。

（三）反馈和评估的过程

这一过程主要是对学生的知识和技能掌握情况进行检验，同时对学生口头表达的质量进行适当的评价，对出现的问题进行适当的纠正，对正确的进行鼓励，以进一步固定正确的话语形式，同时对学生缺漏的知识做出适当的补充。反馈和评估方式有很多，如点头、摇头、微笑、皱眉或语言说明等，给出正确的反应是十分必要的，另外，教师还应维护学生开口说话的积极性。

（四）保持和迁移的过程

这一过程主要是为了让学生保留和维持对所学知识及其应用的记忆，并能使用所学的口头表达内容和方式向类似的话语语境转换。通常情况下，迁移的水平越高，保持的程度就会越好。在具体教学中，保持和迁移可以由复习和课外实践（具体应用）来完成。

五、口语教学的方式

对外汉语口语教学的方法主要包括以下几种。

（一）互动问答法

问答是口头交际得以生成的最基本的手段，是交际得以延续的必要形式，也是在实际交际中最频繁发生的言语行为，因此，问答是普遍采用的口语教学方式之一。需要注意的是，互动问答强调的是师生之间、学生之间的双向互动作用。问题可以由教师问学生，也可以由学生问学生，还可以由学生问教师。在这个教学过程中，教师与每一位作为个体的学生都处在平等的地位，教师应尊重学生的主体性，避免使其处于被动地位。

问答的设计既可以以语言结构为纲，也可以以话题为纲。学生之间的问答可以是交叉式的，也可以是循环式的；可以问相同的句型，也可以根据生词提不同的问题。可根据具体情境而定。

（二）直观描述法

在口语教学中，教师可以通过让学生观看图片、实物、影像资料等，进行直观的口头表达。学生既可以对某一张照片进行静态的描述或拓展性的表达，也可以对几张情节相关的图片进行动态的过程描述。随着影像资料和多媒体技术的不断完备，这种教学方式的空间得到了极大的拓展。

（三）情境对话法

在口语教学中，教师可以通过情境对话法来进行教学。教师可以为学生设置某一具体情境，让学生在设置的情境中进行交际，完成交际任务。例如，交际双方，甲撞倒了乙（情境），甲上句说“对不起”，乙下句接“没关系”。

（四）演讲报告法

演讲报告法通常运用于中高级阶段的口语教学。口头演讲和报告可以由教师根据教学计划和教学内容的安排定题，也可以由学生根据兴趣自选题目。通过这种方法，能够有效提升学生运用汉语进行自由表达的能力。学生对各种现象和事理往往都具有不同的观点，不同的文化背景又使得学生具有不同的价值伦理观念。尝试用汉语对这种见解和观念进行表达，有助于培养学生运用汉语思维的习惯，早日实现从母语思维向汉语思维的过渡。

（五）组群活动法

组群活动法是让一定数量的学生组合在一起，在组群内互相合作完成一项具体的任务。“做事”的过程也是口头交流的过程。组群可以随意进行划分，也可根据学生的年龄、国籍、家庭背景、兴趣等来进行划分。由于从本质上讲，口语是由社会驱动的，因此口语课堂教学应将合作作为一种社会行为以及一种重要的教学形式。教师在这种活动中，通常是掌控节奏、规范任务、组织协调和语言提示。在每个组群中，由学生担任主持人（召集人）或记录者。需要注意的是，学生在完成组群任务后要对活动结果进行一定程度的交流（口头的报告、比较、评估等）。

（六）复述与讲述法

复述与讲述法通常与听力理解训练进行有效结合，进行听后复述；也可以让学生将读到的材料内容用自己的语言将它讲出来。这种教学方法有利于培养学生对语言材料的组织能力和表达能力，有利于实现表达的流利性。由于复述是一个对材料进行重新编码的表达过程，因此不必追求表达过程中内容细节的完整和“原样”，而应该侧重于整体的叙述逻辑和语句连接技巧。学生能用自己的话流畅地复述，比死记硬背要有难度。如果是故事讲述，可以让学生自编自改一个不同的结局，这能够有效调动学生的积极性和想象力。

（七）模拟法

模拟法是口语教学中采用最多的一种方法。它主要是让学生在模拟的现实社会场景中扮演不同类型的社会角色进行口头交际活动。在模拟活动中，学生通过扮演不同的社会角色，揣摩和体会不同角色的社会意义，以及他们使用语言的特点。

在模拟之前，教师要先做一些组织准备工作。例如，对模拟的场景、模拟的对象进行说明和介绍，并提出明确的任务要求，提供相关的语言结构和功能。模拟时教师要在旁边进行协助，及时提供咨询并记录错误，最后讲评。

模拟是要将课堂与社会联系起来，而现实生活中的模拟活动是非常常见的。

第三节　对外汉语阅读技能教学

阅读教学对于学生吸收、理解汉语语言知识，提升听、说、读、写能力是非常有利的。正因为如此，阅读教学成为对外汉语教学的一个重要内容，贯穿于对外汉语学习的整个过程。

一、阅读的重要性

古今中外，有关读书的名言警句不胜枚举，读书的重要性更是不言而喻。纵观历史上的成功人士，没有一人不鼓励读书，“读万卷书”者比比皆是。当然，阅读的对象不仅仅指书籍还包括许多其他方面的文字资料。这里，主要从日常生活的角度概括一下阅读的重要性。

（一）阅读是获得信息的重要方式

人们常用“信息大爆炸”来形容21世纪的高度信息化，经济的飞速发展和知识的快速更新，使得人们每天的生活、学习、工作等都被各种信息包围着，并在有效的信息指导下紧张地进行着。占有更有效的信息，就意味着距离成功和财富更近一步。

获得信息的方式有很多，但最主要的不外乎视觉和听觉两类。如今互联网已经成为人们生活中不可分割的一部分，网上每天发布的各类信息无时无刻不充斥和影响甚至改变人们的生活，如何在海量的信息中有效地获得和自己相关的和有用的信息不但是一种必需，也是一种能力的体现。而这需要的不仅仅是筛选信息的能力，更重要的是要有高效阅读的能力。

（二）阅读是学习知识的重要途径

作为学生，日常的课堂学习和阅读是获得知识最常用也是最主要的途径。然而，课堂学习的时间毕竟是有限的，更多的内容是需要个人在不断的阅读中去积累和发现的。

我们所掌握的知识，大都来自前人的实践和经验，来自书本。要想享用它，就要学会阅读。因为讲授抑或直观教学，都不可能达到相同的教育效果。图像虽然可以用来清楚地解说一篇文章，却对思维能力的培养无甚益处。教课和电影一样，看过了，听过了，也就销声匿迹了，过后想再看，基本上是不可能的。而书籍，却是我们一生的最佳伴侣。由此也可以看出，阅读是知识获得的主要途径。

阅读也是一个人认识和了解世界的过程，是一个人自我思考与反思的参照，通过阅读来达到自我成长与修炼的目的，这对个人世界观、人生观和价值观的形成有着非常深远的意义。实践证明，一个人事业上的成功是与他的知识涵养成正比的。

（三）阅读是语言水平提高的主要方法

通常来讲，人的大脑中存在着一个语言知识库，这个知识库中不仅储存着关于语言和文字的知识，还包括一些相关的文化知识。但是这个知识库并不是与生俱来的，它的形成过程贯穿于整个语言学习的过程，即语言习得的过程。

大量科学的阅读最直接的影响就是阅读者词汇量的增加和知识面的扩大。事实证明，单词量与文化知识水平对个人的阅读理解能力有着巨大的影响，而阅读能力的强与弱又决定了这个人获得知识的能力。并且，阅读与听、说、写之间是相互影响、相互依存的关系，一种能力的强与弱对其他几种能力的培养与发展也有着深刻的影响，这一点我们将在下面具体陈述。

简而言之，语言能力的提高首先依赖于大量的语言输入，而阅读是重要的输入方式。因此，阅读活动的进行不可或缺，阅读能力的培养不可小视。

（四）阅读有助于在考试、升学等活动中增强竞争力

考试、升学、就业、工作等，是每一个学生的必然经历和必经阶段。以留学生的汉语学习为例，他们需要通过汉语水平考试（HSK）的各级别考试，其中，阅读和听力、口语、写作一样，占有相同的比例，要想顺利通过考试，任何一项技能都不可偏废；还有部分人需要参加商务汉语考试（BCT），以便选择工作。因而，能否通过这些考试成了留学生继续学习和深造的门槛。如果单纯地从阅读测试角度讲，把阅读作为一项测试内容，更多的是考查学生知识的掌握和运用能力，更多地显示出阅读的功用性，是对学生是否“会读书，巧读书”技能的测试。

很多学生在阅读部分出现问题，一部分属于知识性错误，但还有一

部分就是由于审题不清造成的答非所问，或是不能领会答题的规范而出现的盲目堆砌问题。更重要的是，这些问题不仅仅出现在阅读考试中，甚至在听力、写作的测试中也会出现，通常情况下，我们说这些学生“马虎”或是“失误”，然而从根本上讲，就是他们还没能真正地掌握阅读的技巧，不能有效地处理阅读材料。因此，这就需要教师和学生更加认真地对待阅读的相关问题。

综上所述，阅读是人们日常生活中不可或缺的一部分。它是获得信息、学习知识、提高语言水平及通过考试和选择工作的重要途径和必要技能。因此，从阅读的功能性角度来讲，值得我们给予更多的关注。

二、阅读与听、说、写的关系

（一）阅读与听力的关系

阅读和听力从过程上讲都是属于被动接受形式的语言输入和理解。从阅读心理学的角度讲，二者的共同之处在于：在理解的过程上，都是自上而下与自下而上对向平行过程的运用，这是平行相互作用模式对阅读过程的最好诠释。但是由于输入方式的不同，它们也存在一些差别。一方面，从生理学上说，阅读属于视觉感知，听力属于听觉感知。另一方面，从时空上看，听到的东西转瞬即逝，而阅读的材料却可以反复查看，这也为我们从各种文献中了解过去人们的生活状况等提供了可能。

（二）阅读与说话的关系

阅读的“输入”与说话的“输出”似乎是互不相关的两种技能，但事实上，两者是互为补充的。实验表明，大量的阅读对说话能力的提高有促进作用。

我们生活中时常会出现“无话可说”“不知说什么好”“不知道该怎么说”的问题，这些问题不仅发生在相同语言背景中相互交际的人之间，在跨文化交际中更是屡见不鲜。这一问题的产生一方面是由说话者自身知识积累不足造成的。说话者因无法对对方的话题给予合理的回应而感觉“语塞”，这一现象从理论角度来讲是由输入不足而导致的输出不畅。另一方面，也有可能是由说话者的跨文化交际意识不够造成的，即听话者因不了解对方的文化背景而误会了说话者的表达意图，造成沟通无法顺利进行。因此，阅读为人们提供了丰富的口头表达材料和话题。

此外，阅读对于我们学习和复习生字、词汇、语法以及获得文化积累有重要的作用。语言的口头表达离不开人们对字、词、句的整理和组合，同时，语言的表达也离不开相应的语言环境，这一语言环境本身便涉及了文化语境的内容，人们对语言本体知识及文化背景的掌握，对语言的合理表达有重要的补充作用。

（三）阅读与写作的关系

目前流行的许多对外汉语教材，都是将阅读与写作放在一起进行编写的。这一安排是图式理论在实践中的合理运用。因为根据图式理论的观点，人们过去获得的知识在头脑中存储下来成为图式，它们对新信息的理解与加工有重要的作用。在不断的“阅读—写作—阅读—写作”的练习中，学生可以把阅读材料中的内容作为参考，对其语法、修辞及行文结构的安排进行模仿，并尝试运用到自身的写作当中，之后再以阅读内容为参考对写作的内容进行修改，以最大限度地达到与原材料相同的效果。这一训练过程做到了阅读与写作的相互补充和相互促进。

阅读还可以积累丰富的语言和文化材料，这些材料都有可能成为写作的素材，是写作灵感的源泉。反之，写作的练习也可以增加人们对阅读的需求，从而使人们产生阅读的动力，增加阅读数量，提高阅读水平。

三、阅读教学的任务

阅读教学主要是引导学生进行汉语知识的学习与阅读技能的训练，具体说来，阅读教学的任务主要包括以下四个方面。

（一）学习、巩固汉语知识

提供大量语篇，让学生在语篇中学习语言知识。学习字、词、句、篇等语言知识是阅读课的一大特点。这些知识的学习，通常是在精读课、语法课中学过，但没有机会复习的。在阅读材料中，字、词、句不是孤立存在的，而是具有相应的语言环境。阅读教学对于学生语言知识的理解与掌握是十分有利的。

阅读教学在选择阅读材料时，需要注意以下几点：内容要比精读课容易，数量要比精读课多，选材讲究趣味性和实用性；生词量、语法难点要少，生词重复出现的频率高。这样有利于学生在大量的阅读中提升语言能力。

（二）增加学生的汉语词汇量

学生的词汇量对阅读理解有着重要的影响，词汇量的多少直接决定了阅读水平的高低。因此，阅读教学的一个重要任务就是增加学生的汉语词汇量，具体而言，主要可采用以下方法。

第一，对阅读材料中的词汇进行周密的控制或安排，使学生能够接触目标词汇（生词）。

第二，通过设计生词表对部分目标词进行学习。例如，在阅读前向学生讲解。

第三，在部分目标词出现时，自然地向学生讲解其意思。

第四，精心设计部分目标词，让学生利用各种线索猜测词义，教师最多辅助一点讲解。

第五，通过学习单词拼写规则、构词法或做词汇游戏等单独进行词汇教学。

词汇学习是阅读教学的核心内容，阅读教学中的词汇学习应是输入理解性的（接受性），而不是输出生成性的（使用性）。在阅读教学中，应将实词教学作为重点，并进行大量的、多样化的训练。

（三）全面提高学生的汉语语言水平

阅读教学的一个主要任务就是对学生学过的字、词和语法进行巩固，并使其不断掌握一些新的字、词和语法，同时学习有关的文化知识。另外，阅读教学还应引导学生不断发现新的语言现象和文化现象。

学生在阅读的过程中积累新的词语、语法和文化知识，并将其运用于在听、说、写的过程中，从而提高听、说、写的能力。由此可见，培养学生的阅读能力有助于全面提高学生的语言水平。

(四) 进行阅读技能训练

阅读技能训练是阅读教学的重要内容。阅读活动的作用在于帮助学生理解语篇的意义，而理解意义的基础是掌握相应的汉语知识，理解意义的具体手段则是阅读技能的运用。因此，提升学生的阅读技能是阅读教学的主要任务。

四、汉语阅读课的教学内容

(一) 建立知识库的教学内容

1. 汉字教学

汉字教学是阅读教学乃至对外汉语教学的重要组成部分，是汉语阅读课初级阶段的主要教学任务，它包括写和读两个方面。阅读的“读”体现在汉字的认读方面，这也是汉语阅读的基础。汉字是一种表意文字，对于大多以表音文字为母语的留学生来说，汉字是最关键也是最困难的学习要素，这就使得对汉字教学方法的探讨显得极其重要。在对外汉语教学中，汉字的教学主要由汉语读写课或阅读课来完成，特别是对于阅读课初级阶段的学生来说，主要的学习任务就是汉字的读与写。汉字教学的成功与否，直接影响到学生后续的阅读能力与阅读技巧的养成。

2. 词语认读与理解

词是能够表达意义的最小的语法单位，汉语中词的特点导致词语教学成为汉语阅读教学的重点与难点。汉语词的划分问题，多义词、同义词、近义词、反义词，以及词的文化背景的特殊性问题都使得词语教学成为阅读教学的重中之重。阅读中的词汇教学，既是阅读教学本身的需要，也是汉语学习的必然要求。在初级阶段，词语的认读识记很重要；在中高级阶段，词汇量的增加、词语多种含义的掌握就成为重点。

词汇量的多少直接决定阅读理解能力的高低，对词语的认读以及在语境中对词义的解读都是阅读教学乃至语言学习的关键。鉴于此，在阅读教学中词语教学方法与技巧的探讨就显得尤为重要。初级阶段的词语教学以认读和词义理解为主，这一时期的课文较短、较简单，以基本词汇和词汇的基本义与常用义教学为主。随着学习的不断深入，教师要将词语的语法结构、构词方式、搭配关系、褒贬色彩、语用功能等知识传授给学生，并引导他们从技能训练的角度进行学习总结。高级阶段的词语教学就应该以词汇量的积累为主。

3. 句子理解

句子是由词或词组组成的用来表达完整意义的最小单位，前面的字、词、词组的训练是句子的阅读训练的基础，而句子的阅读训练能为语段和篇章的阅读奠定基础。汉语句子构成有其特殊性，如汉语的句子成分与词类之间不存在一一对应的关系，汉语的句法结构灵活多变，加上汉语还有一些特殊的句式反问句等，这些都使得汉语阅读教学中的句子教学应该重视词组、短句的认读训练，以及长难句、复句、特殊句式的长期教学。

4. 语段、篇章教学

语段、篇章阅读训练是阅读教学的"最高阶段"，也是中高级阶段汉语阅读教学的主要内容，在这一阶段，学生应能理解构成语段的句子与句子之间的关系，理解篇章所表达的意思，了解篇章的结构和衔接手段。这一部分的教学需要教师运用恰当的教学方法，通过合理的教学设计，使学生有意识地理解篇章的结构框架。同时这一阶段的教学可以结合不同文体的阅读教学进行。

（二）培养阅读技能的教学内容

阅读课不是综合课，不能像精读课那样把重点放在词语和语法的精讲多练上，阅读课更应该是根据汉语自身的特点，总结出一些经验性、规律性的东西，同时将教材作为学生掌握阅读技能的一种途径，使学生在理解阅读材料的同时熟悉和巩固阅读技巧。语言交际能力的获得是一个漫长的过程，至少要经过知识到技能、技能到交际技能的两次转化。其中，知识是技能的基础，技能是交际技能的基础，技能处于语言交际能力获得的中间环节，是语言教学的中心。阅读技能在很大程度上决定了学生阅读能力的高低。这种阅读训练在具备汉语水平的中高级班里是非常必要的。它不仅能够增加学生的阅读量，对学生听、说、写的能力的培养也有作用。

对阅读技能的训练主要可从以下几个方面入手。

1. 对字词意思的猜测

（1）利用汉字造字法猜测字的意义

汉字是外国学生在阅读时首先会遇到的难点。汉字基本上是一种表意文字，汉语中的一个音节在书面上往往就是一个汉字。一般来说，一个汉字就代表了一个语素，如果一个词是由一个语素构成的，那么这个汉字也就代表了一个词；如果一个语素是由两个以上音节构成的，那么一个汉字就不代表一个语素，只代表一个音节（如“窈窕”）。不过，这种情况在汉字中只占极少数。利用汉字本身的造字特点，教师可以训练学生猜测汉字的意思。

（2）利用合成词构词法猜测词的意思

汉语合成词的构成主要有两种方式：一种是由词根和词缀或类词缀组合而成的，称为派生词；另一种是由词根和词根组合而成的，称为复合词。在教学中，教师应有意识地让学生了解和掌握合成词的构成方式，扩大其词汇量，从而使学生阅读时能够准确猜测和理解词义。例如，一些刚拿到驾照的司机喜欢在车上贴上类似“新手上路，请多关照”之类的标语。在这样一个特定环境中，如果学生知道“手”是表示“人”的后缀，他就有可能猜到“新手”就是“新司机”的意思。

如果学生在阅读时遇到的是复合词，他只认识其中的一个字，那么构词法的知识就有可能帮助他进行词义的猜测和理解。例如“思想”，“思”就是“想”（联合式）；“选择”，“选”就是“择”。其他构词方式，如偏正式、述宾式、述补式、主谓式等也都有利用的价值。这种训练既可以在阅读课上直接进行，也可以在与阅读相关的词汇或语法教学中进行。

另外，如果是缩略词语，可以利用语素扩展或还原的方式，也就是从已知的语素出发来“推导”出整个缩略词语的意思。例如：彩电——彩色电视机；简介——简单介绍。

（3）利用语境来推测词语的意思

教师应指导学生利用上下文提供的线索来推测词语的大概意思。另外，利用词语的搭配关系也可以推测出不熟悉的词语的大致意思。

2. 对句子意思的理解

当一个句子具有多重修饰成分，且修饰成分里有许多学生不熟悉的词语时，学生对全句主要意思的理解就会有困难。因此，教师应教会学生对长句子进行压缩，抓住句子主干，化繁为简，使句子的脉络和关系显得更清晰，进而准确把握句子的意思。

3. 对段落内容和意义的理解

在对段落或篇章进行阅读时，有许多规律可循，教师应指导学生了解汉语篇章的结构，分析句子之间的逻辑关系等，进而跨越阅读的障碍。具体而言，在阅读教学中教师应注意训练学生以下几方面的能力。

第一，通过上下文来确定代词的先行词。对学生来说，一段话有时并不容易理解，这是因为学生对句子中代词（指示代词、人称代词等）与先行词之间的指代关系不清楚，这就需要教师有针对性地训练学生对指代关系的理解。

第二，通过上下文补出缺失的成分。通常认为，一段话中，如果句子的基本成分（如主语、宾语等）缺失，就会造成理解上的困难。教师应引导学生在阅读时从上下文中找回缺失的信息。

第三，通过上下文确定词语之间的替代关系。有时在一个语段里，同一个指称对象在前后句子里使用了不同的词语来指称。教师在阅读教学中要训练学生能熟练地根据上下文确认这种同指关系。

第四，利用关联词语、标点符号等来理解句子。在语篇中，句子与句子之间的各种逻辑关系常常通过关联词或标点符号语（如分号）表现出来，学生在理解时应抓住这样的关键线索。

第五，进行事件的推论性理解。当没有关联词语时，句子与句子之间的逻辑关系依然存在，这就需要教师帮助学生通过对事件的因果等关系的理解来提高预测和理解的能力。

4．分析段落，找出主题（句）和要点

阅读有时并不是为了了解某个段落或某篇文章的细节，而是只想知道作者的主要观点。就一个段落来说，作者的主要观点通常在段落的首句或尾句，其余的句子主要是用来说明主要观点或给出例证的。通过有针对性地训练学生找出主题句，抓住主要观点，可以有效提高他们的阅读速度。在阅读时，教师要告诉学生不要受到生词的阻碍，找到主题句即可。

5．带着任务筛选信息

从阅读材料中寻找特定的资料和信息是日常阅读中非常常见的行为。在进行这种阅读教学时，首先要让学生明确学习的任务，然后使其通过阅读去完成任务。教师可以让学生进行跳读。跳读是一种快速阅读方式，跳跃性是其主要特点，即在阅读过程中快速寻找关键词，没用的信息一带而过。

提高阅读速度是阅读教学的一个重要目标，因为速度也是衡量阅读质量的一个重要标志。影响阅读速度和准确性的因素很多，主要涉及阅读时间、阅读量、阅读材料的难易度、阅读内容的熟悉度，以及阅读策略等。教师应根据学生的汉语水平和不同的阅读目的对其进行有针对性的阅读技能训练。

五、阅读教学的过程

从认知的角度出发，可以将具体的阅读教学过程分为以下几个阶段。

（一）读前准备

读前准备的目的是引入阅读主题，为主题内容的学习奠定基础，使学生大脑的“知识库”为理解阅读材料做好各方面准备。如果阅读主题涉及宏观的中国文化背景，那么在阅读之前教师就应该向学生介绍一些相应的文化背景知识，使学生在阅读过程中不会摸不着头脑。

另外，阅读之前，教师引导学生认识文体以及文体与社会语境的互动关系，也可帮助学生对阅读材料进行理解。

（二）任务布置

阅读教学通常具有明确的任务和目的，有经验的学生会根据阅读任务选择相应的阅读策略。教师在布置阅读任务时，可以让学生对所读的文章内容先进行一些预测。这种预测可以根据文章的标题、汉语篇章的结构方式、连贯方式进行，也可以根据对情节、情境的逻辑关系的认识等进行。

（三）实际阅读

实际阅读是学生对实际文本的阅读。学生对阅读材料进行理解，并从中获取具体信息，完成相关阅读任务。在具体的阅读过程中，学生通常是带着阅读任务进行的。

（四）阅读目标监控

监控贯穿实际阅读过程的始终。一些学生在阅读过程中能够有意识地思考自己的理解是否有误、自己的方法是否有效等，一旦发现问题，就会主动解决，并及时调整自己的阅读方式以达到阅读目的。而有些学生则无法有效监控自己的阅读过程，遇到困难时，只能叹息。因此，教师在阅读教学中应告诉学生如何有意识地注意自己的阅读行为，增强他们的自我监控意识。

（五）相关实践

阅读过程完成后，教师应让学生做相关的练习或完成相关的任务，以检查学生阅读理解情况。在这个阶段可以帮助学生掌握阅读文本的细节，加深对文本的理解。同时，还可让学生利用阅读材料，来完成一些实践性的交际任务。

六、阅读教学中应注意的问题

在阅读教学具体实施过程中，为保证阅读教学的有效性，应注意以下两个问题。

（一）注意区分对外汉语阅读与汉语母语阅读训练

在阅读教学中，教师应注意对外汉语阅读训练和汉语母语阅读训练的区别。这主要因为，近年来汉语母语阅读训练成果显著，这些成果不断引入对外汉语阅读训练中，但教师应注意到二者是不同的。汉语母语阅读训练的对象不存在汉语言知识欠缺，他们只需学习阅读技巧。而对外汉语阅读训练应以汉语言知识学习为基础，如果没有逐渐积累增加的汉语言知识基础，阅读训练只能是空中楼阁。

（二）注意学生的阅读水平差异

对外汉语教学中的学生来自不同的国家，存在不同程度的差异，这些差异在听说等课上表现并不明显，但在阅读课上有着明显的区别。作为教师来说，在阅读教学中应充分考虑这一因素。

具体来说，教师可鼓励阅读基础差的学生多做课下功课，在预习、复习上下功夫，努力赶上其他学生。对学生的程度差异教师要了然于心，在课堂上把容易些的问题提给基础差的学生，让他们回答得上来，帮助他们树立起自信心；把富有挑战性的问题给基础好的学生，使他们不感到无聊，保持学习的积极性。能够协调各方关系，平衡课堂进度，满足不同学生的学习需求，是一个成熟教师的标志。

（三）注意了解影响学生阅读的因素

阅读是一个复杂的心理过程，包括词汇加工、句法分析与语义分析等。在阅读教学中，教师应注意了解影响学生阅读的因素，以此提高教学的有效性。具体而言，阅读教学中影响学生阅读的相关因素主要有以下几个。

1. 语料难度因素

语料本身的难度是影响学生阅读理解的重要因素。如何根据学生水平控制阅读语料的难度，是教师在阅读教学中需要分析的一个重要方面。

2. 试题难度因素

通常认为，作者态度在阅读理解中是最难把握的。但有学者从语用的角度对语言理解试题的难度进行了分级。由易到难的次序依次是显义、预设、寓意、命题态度。

3. 猜词线索因素

猜词线索是影响学生阅读理解的重要因素，它的正确率是变化不定的，如果线索明显，则正确率较高，反之则难度较大，容易发生错误。

4. 语篇理解因素

语篇理解因素在阅读教学中有着重要的影响。通常来说，语篇理解可大可小，有时测试对全文主要内容的理解，有时测试对复句或语段的理解，但都需要经过分析和归纳。

第四节　对外汉语写作技能教学

在听、说、读、写这四项最基本的语言技能中，写作是最让学生感到困难的。在对外汉语教学中，写作教学也逐步引起了教师的重视。下面对对外汉语写作教学相关内容进行具体分析。

一、写作教学的任务

在初级阶段，写作能力的训练主要是在汉语综合课（或读写课）上进行的，主要目标是使学生在会说的基础上，能够写出简单的句子或连贯的一组句子，保证学生在书面表达中的正确性。在中高级阶段则单独进行写作教学。

（一）中级阶段

中级阶段写作教学主要是训练学生对已学过的汉字、词汇、语法、书写格式、标点符号等综合运用的能力，以及谋句成段和谋段成章的能力，书面表达从对正确性的追求开始过渡到对质量的追求。其教学活动主要是对学过的汉字、词汇、语法知识进行复习、巩固和实际运用，通过学习范文增加词汇量，学习不同语境下的各种正确表达方式及一般的修辞技巧，学习正确使用中文标点符号，掌握中文的书写格式，培养与提高运用汉语进行书面表达的能力。

在教学上，要求通过学习范文，练习写作、讲评、改错、分析、归纳、总结等，在第一学期结束时，能在两小时之内按题目要求写出一篇600字以上的记叙文，并达到以下标准。

第一，语法正确，全篇语法错误不超过5%。

第二，能正确使用虚词、句式、常用词组、成语，用词确切，错误率不超过10%。

第三，正确、熟练地书写汉字，错字率不超过5%。

第四，正确使用标点，熟练掌握书写格式。

第五，思路清晰，结构完整，条理清楚，表达明确，语言表达有变化。

第二学期结束时，在第一学期要求的基础上，语言运用要娴熟、流畅，词汇比较丰富，句式比较复杂，能使用一些修辞手法。

（二）高级阶段

高级写作教学主要是训练学生熟练写作各种文体的能力。写作训练既要注意语言运用的规范化，又要注意表达效果，即从“写得通”这一基本要求过渡到写得得体。要继续克服母语的干扰，提高运用汉语的熟练度，扩大运用汉语思维的比例，进一步解决句子的连接、语意的照应、语气的配合等问题，熟悉并能运用各种文体和与之相适应的写作方法、语言风格，增强运用汉语交际的适应性，顺畅、得体地表达思想。教学上的具体要求主要有以下几点。

第一，能写出1000字以上的议论文（读后感、观后感、评论、述评），做到表达思想准确，运用汉语比较熟练、简洁、生动。

第二，掌握说明文、议论文、学术论文的写法和语言风格。

第三，认识修辞的重要性，树立起修辞意识。

第四，掌握常用话题表述时汉语词语的习惯搭配与组合。

第五，掌握基本的写作知识并能应用一些常用写作技巧。

第六，了解学术论文的特点和基本类型、资料收集与利用的方式，以及撰写的程序与方法等。

二、写作教学的基本原则

在写作教学中，教师应遵循以下几点原则。

（一）以学生为中心的原则

“以学生为中心”强调尊重学生的主体地位，以学生为中心安排教学活动。教师在课堂上要改变角色，由知识的传授者变为学生学习的促进者，努力使所有的写作活动成为一种协作性的学习过程，使每个学生都能够在写作中发挥自身的主观能动性。

（二）综合性原则

写作教学的最终目的是培养学生使用汉语进行交际的能力。因此，它与听、说、读等其他技能是紧密相关的。在写作教学中，教师应把写作活动与听、说、读活动综合起来，以提高学生的汉语综合应有能力。

（三）正确对待母语写作和汉语写作

一般来说，学生的母语写作能力和汉语写作能力是成正比的，即正迁移作用大于负迁移作用。学生在接受母语写作训练时所掌握的思维能力、表达能力是培养与发展汉语写作能力的基础之一，能帮助学生解决构思、选材、谋篇布局等问题。教师应把握二者的共性，将学生的母语写作能力迁移到汉语写作能力中来，集中解决语言运用问题。学生成熟的母语书面表达能力与欠缺的汉语运用能力之间的落差，也是学生学习的动力之一。

与此同时，教师还必须注意到学生母语写作对汉语写作的负迁移作用。不同的语言在表达方式上既有共性，又有区别，而这些不同的方面会对汉语写作产生负面影响。教师要对二者的差别进行讲解，避免学生因照搬母语表达习惯，而写出不符合汉语表达习惯的语句。总之，教师要认识到学生母语写作和汉语写作的共性和差异，找出影响的正负规律，进而保证汉语写作教学的有效性。

(四) 课内外相结合

写作水平的提高不能仅仅依靠课堂写作来完成，因为课堂写作的时间是有限的。教师在应布置适当的写作任务让学生在课外进行练习。此外，教师应引导学生养成用汉语写日记的习惯，以此锻炼学生汉语思维能力和写作速度。在日记的写作中，学生可以写关于自己的个人生活，也可以谈论他们身边发生的事，甚至可以对国际新闻进行评论。如果教师对学生的个人生活日记投入一定的关注，就会激发起他们进行书面表达的欲望，并反映在下一篇日记里。教师通过学生的日记深入了解其内心世界、生活习惯等学习中的非智力因素，在教学时就可以更有针对性，做到因材施教。

三、写作教学的过程与方法

一般来说，写作教学可大体分为写前指导、写作训练和作文评改等阶段。

(一) 写前指导

写前指导主要包括语言知识的指导和范文的导读，主要目的是通过指导激活学生已存储的语言知识，让学生注意到新旧知识的联系，为动笔写作做准备。其主要可运用以下几种方法。

1. 对比法

一般来说，教师可以通过将汉语写作与其他语言写作相比较的方法帮助学生理解汉语写作的结构与内容。这种方法一般运用于应用文的写作中，容易引起学生的兴趣。

2. 引导法

教师可以采用一步步引导的方法使学生感悟、接受新知识。例如，教师可以先让学生写出自己的答案，然后再一步步分析其错误，找出原因，加深学生印象等。

3. 例证法

例证式是通过分析例文来教授学生写作技巧的方法。一般讲解文章的结构或表现手法等特点时，用例证的方法较直观，学生容易理解。在运用这种方法时，教师需要选择一些优秀的例文。例如，教叙议结合的小议论文，可以选取两三篇结构相同的短文给学生阅读，然后让学生总结文章的结构特点或表现手法等。

4. 提问法

提问法是指用提问的方式引出所要讲解的内容，进而进行语言知识的指导的方法。提问法不会让学生对已知知识的重复感到枯燥。例如，在教授按照时间顺序记事的记叙文时，要复习时间词的使用方法，可以以提问的方式导入对时间词的讲解。

（二）写作训练

1. 写作技能训练的内容

写作技能训练主要包括向学生传授写作知识、训练具体写作技能两方面。

（1）传授写作知识

写作知识的学习主要包括对标点符号、书写格式、文体、修辞等语言知识，以及叙述、描写、抒情、议论和说明等文章表达方式的学习。这些知识的获得，一方面要依赖于其他课程的学习和平时的积累，另一方面依赖于写作训练时教师的集中讲解。写作知识的学习不应占课时太多，主要是引导学生在旧知识的基础上学习新知识，为下一步的写作实践做必要的准备。

知识的学习还应注意实用性的问题。写作教学要教授学生一些在其他课上学不到的有关写作方面的知识，解决其他课型没有解决的问题。一方面，学习篇章写作知识、写作技能；另一方面，通过文字的输出训练解决语言运用中的实际问题。因此，教师在进行写作训练时要注重词语、句式的语义解释和语用规律的归纳。

（2）训练具体写作技能

技能的训练主要包括以下几点。

第一，如何遣词造句表达某个既定的意思。

第二，根据表达功能的需要选取恰当句式。

第三，句群、语段的连贯和衔接。

第四，各种文体的习作。

第五，培养学习者具有借鉴和监控的能力。所谓借鉴是参考和运用母语的写作知识，模仿和运用目的语范文的写作方法。所谓监控，就是将母语和目的语有关的语言知识和写作知识作为习作的规范，自觉地修改、润饰自己的作文。

语言技能的获得需要经过反复的练习。写是一项难度较高的技能，需要进行及时、不断、反复的练习。教师在进行写作教学时应本着讲练结合的原则让学生练习写作。同时，教师在组织学生进行写作练习时要注意以下几个问题。

第一，教师所规定的写的内容要具体或者有直观性，不要让学生在写什么的问题上浪费时间。

第二，写的时间不宜太长，通常认为一次写作的时间以半小时左右为宜。

第三，在课堂进行写作练习时教师应该及时讲评。及时的讲评能够有效激发学生写的兴趣，因为写作不仅仅是输出，学生也希望得到反馈信息的输入。

第四，课堂上的写作应与课后写作相联系。例如，课堂上写作是课后写作的一部分，学生会在课堂上受益匪浅，并运用于课外的写作之中。

训练学生的写作技能时，教师要遵循渐进性原则，即教师要对教学点进行细致的切分，考虑学生的接受程度。对母语非汉语的学生而言，用汉语写作将面临词汇、语法、汉语思维、文化差异等诸多问题，一下子输入过多的知识根本没法消化；一下子就写一篇文章，会出现不知从何下手或者有千言万语却语不成文的情况。

文章是由语段组成的，我们可以将语段看作一篇小文章。引导学生学习范文时，可以根据需要只学习某一段或其中的几部分；练习写作时，先写语段，再将语段进行扩展。

2. 写作技能训练的方式

（1）基本技巧训练

在进行对外汉语写作技能训练时，首先要进行基本技巧训练，使学生掌握最基本的字、词和语法的综合运用。通常来说，对外汉语写作基本技巧的训练方法有以下几种。

①听后写

听后写主要是教师或某一个学生讲或者读一段话或一篇短文，然后让学生将听到的内容写出来。之后，学生可以对照听的内容，检查自己写的情况。这里听写的主要是小的段落，目的是降低构思和组织语言的难度，帮助学生逐步养成书面表达的习惯，有效促成学生从听说到读写能力的转化，使学生增加对汉语书面语的感受，了解汉语书面语的特点。

听写的内容可以由教师精心编写，也可以找一些文字上适合学生的段落。但是，教师应循序渐进地选择与学生水平相当的语料。开始时可以选择一些简短的对话，让学生以记叙体的方式写下来；也可读一些情节简单的故事，让学生复写下来；还可传达某人对某事的观点，让学生记写下来。由于有模仿的材料，学生可以马上动笔投入书面表达的过程中，也不致出现过多的表达错误。

②看后写

看后写就是借助于一些形象化的材料进行写作练习。这些材料可以是单张的照片、地图、数据表、漫画，也可以是多幅的画报乃至电视小品等。在写作前教师提出写作要求，让学生有重点地仔细观察，忠实描述。

③读后写

读后写就是通过阅读，参照范文的格式和结构进行模仿写作。具体来说，读后写可以有以下几种形式。

第一，续写。给学生一篇没有结局的故事，让学生发挥想象力和创造力写出结尾，然后将原文的结尾拿出来，让学生做对照。这种训练有利于发挥学生的想象力。

第二，缩写。缩写是将一个较长的文本压缩成一个较短的文本，教师可让学生根据阅读材料写摘要，或给一篇完整的文章归纳出提纲。一般来说，学生读的能力要领先于写的能力，缩写练习适应了学生的实际汉语水平，是一种较为适用的书面表达练习，其有利于培养学生在阅读的基础上对阅读的文本进行概括的能力。

第三，扩写。扩写是将一个短的文本充实成一个长的文本，要求学生在不改变文章体裁和主题的前提下，对文本做出增补或延伸。例如，教师可以给学生一份提纲，让学生去补充论据，完成一篇完整的论文；给学生一个摘要，要求学生将其扩充为一篇文章。

第四，改写。在读了一个文本之后，让学生用自己的语言对原文本进行整合或重组。改写的形式有很多种：其一，改人称，把第一人称的故事或文章改为第三人称或相反；其二，改时态，将过去时的故事改为现在时或相反；其三，改文体，将对话改成叙述文，把剧本、相声改成故事；等等。教师可以广泛搜集材料，设置多种多样的练习。与缩写和扩写相比，改写是一种相对自由的书面表达练习。

第五，译写。教师布置题目，学生可从自己熟知的母语资料中寻找相应素材，译成汉语。由于学生来自不同国家，同一个题目就会有不同的内容。要求学生上网或查阅图书资料，将母语资料翻译、整理成汉语报告。这种练习有利于让学生对母语和汉语进行对比分析，使学生对各国语言特点有一个较为清楚的了解。

另外，“读后写”除了让学生模仿范文的格式和结构进行写作训练以外，还可以从内容入手。例如，让学生阅读一篇情景交融的范文，教师讲解相关写作技巧后，让学生自行创作。

④说后写

说后写就是先练习说，说完以后，将说过的话写下来。说话过程的语音、语调可以不做要求，因为说是为写服务的。

像议论文的写作一样，论点一开始可能不是特别明确，论据可能不是特别充分，思路可能不是特别清晰，这都没关系。通过自己说、同学的提问、相互的讨论，论点逐渐变得明确，论据逐渐充分，思路逐渐清晰。这种先说后写的方式能有效地缓解学生害怕写作的紧张情绪，说得越多，讨论得越充分，写的时候就越容易。教师需要监控学生说的内容，如果学生在说的过程中有语病，教师要及时纠正，这样可以减少写的时候产生的错误。

（2）语段写作训练

语段训练是提升写作技能的一个重要手段，其主要学习目的是了解和掌握汉语的语段类型、各种语段类型的基本结构方式、各种结构类型的常用结构词语、连贯方式和一些简单的修辞手段等。语段训练的方法主要有以下几种。

①根据主题句分述

主题句是一个语段的语义中心，它经常出现在段首，有时也出现在段尾，其他句子都围绕它展开，是这一句子的扩展。根据这一特点，教师可以给出一个主题句，由学生用几个句子分别阐述主题并发展成一个语段。由于分述主题的方法不同，会形成不同的语段类型。语段的发展一般运用以下方法：列举、举例、对比、对照、定义、分类、时间和空间、描写、过程、因果、概括等，可以根据学生的实际水平和需要选择练习。

②划分语段

划分语段就是给学生一篇没分段的文章，让学生按逻辑和内容要求，把文章分成几个自然段落。具体练习时应该注意以下几个方面。

第一，在给一篇文章分段前，教师先大致对这类文章段落排列的规律进行讲解。

第二，不同体裁的文章，分段的依据有所不同，教师要分别进行各种文体的分段练习。

第三，教师应当选择结构清楚的文章进行这种训练。

③总结语段的主题句

根据语段写主题句就是给学生一个语段，在写段落主题句的地方留空白，让学生根据所给语段的内容写出主题句。一般的议论文的语段都有一个主题句，主题句一般居于句首。语段的主题句是用来阐述文章主题的重要的句子，而语段主题句以外的句子是用来阐述说明段落主题的。

④整理语段

整理语段就是给出几个句子，让学生进行重新排序组合，这主要是为了训练学生用汉语思维方式组织段落和文章的能力。学生可以按序号编排，也可以重抄。

⑤填关联词语

填关联词语就是将一个语段的一些关联词语略去，让学生填写，以训练他们对语段连贯性的把握。教师可以给出一个无关联词语的句子群，然后让学生根据句子之间的逻辑关系，添加关联词语，连接成一个逻辑清晰的段落。也可以给出关联词，让学生填在相应的位置。例如，请把关联词语“更、从而、也、永远、因、迄今、甚至”填在恰当的括号位置上。

⑥改病段

改病段就是把学生习作中有错误的语段拿出来让学生改正，教师加以指导，以收到举一反三的教学效果。

当然，语段写作训练并不局限于这几种方式，教师可以根据教学实际恰当、灵活地加以安排。

（3）语篇写作训练

语篇训练是写作技能训练的重要内容和方式，学生经过初级训练，已经能够准确写出单句甚至复句，但是一旦让他们连句成段、连段成篇，就容易出现问题。学生写出的语段、语篇往往只是单句的叠加，句子与句子之间、段落与段落之间缺乏必要的连接手段，常常出现如指称错误、连接成分误用、词汇或句型选择不当等失误。这就需要对学生进行相应的训练。语篇训练的方式有语句衔接训练和语义逻辑训练。

①语句衔接训练

语句衔接是篇章的一个重要特征，主要体现在篇章的表层结构上，一般通过使用照应、省略、替代等语法手段和关联词语等词汇手段来实现。

②语义逻辑训练

语义连贯也是篇章的一个重要特征，它存在于篇章的底层，一般通过逻辑推理来实现。作为一种分析型语言，汉语词语不同的排列顺序决定了其不同的句意表达；在篇章中，句子的排列顺序也会影响篇章的语义连贯。篇章不是句子杂乱无章的堆砌，而是围绕一定中心、遵循一定的规律组成的。

议论文多采用逻辑关系结构全篇。根据文章的内容，可以表现出不同的逻辑关系。

叙述文多采用时间顺序进行描写，记录生活、描述事件、介绍人物生平、讲述故事等。最简单的是顺叙，从前到后依序来写。如给自己写一个小传，可以用年代连接句子，陈述自己从小到大的经历等。

说明、描写文多采用空间顺序，说明处所、介绍环境、描写景物等。空间顺序描写要对应有序，如前边写了上边，接下来就要写下边，前边写了一个方向，接下来要有另一方向的描写与之呼应，不能杂乱、跳跃。

总之，不同的文体有着自己鲜明的结构特征，而一篇文章中也会用到多种逻辑顺序。在开始阶段，教师应该对学生进行有针对性的、单项的练习，并选择优秀的范文，从写的角度指导学生去阅读，训练学生各种写作技巧和方法。随着学生写作能力的不断提高，教师应该引导学生将各种写作手段融会贯通，稳步提高汉语写作水平。

（三）作文评改

作文评改让学生对作文中出现的各种问题进行分析、讲解，通过信息的反馈，促使学生书面语的表达更加规范。作文评改的主要方法有以下几种。

1. 类比法

将主题相近的作文进行比较、分析。由于主题相近，类比更容易让学生发现自己作文的不足之处。

2. 肯定法

在作文讲评中，教师对学生作文中运用得好的词语、表达得体的句子、通篇语句通顺的作文或立意新颖的作文进行肯定、表扬。教学实践证明，肯定和表扬可以激发学生写作的热情，提高学生写作的兴趣，因此，肯定法是每次作文讲评都不可缺少的讲评方式。教师可以采取在黑板上板书学生作文中用得好的词语、句子，或请学生对写得好的语段或全文进行朗读，或将写得好的句子、语段或作文印发给学生等方法对学生进行鼓励。

3. 归类法

对学生作文中的错误进行归类讲评。因为写作是个体性行为，每个学生的作文中出现的错误都不一样，归类讲评可以更有针对性地解决大部分学生存在的问题。归类可以依据语言划分，也可以对语言项目的教授中某一类突出的错误进行讲解。为了让学生更好地发现并避免错误，教师应对某项错误进行重点讲解，而不是对学生原文进行照搬。教师有必要对学生的作文进行有目的的修改——改正次要、零散的错误，只保留某项准备讲解的主要错误，便于教学示范、讲解，也便于学生接受和理解。

4. 讨论法

教师挑选一篇有代表性的学生作文印发给学生，让学生讨论该作文的优点与不足，应该如何进行修改。需要注意的是，对学生原文应该做一定的处理。例如，删掉作者的名字，对作文中出现的小错误进行修改等。

5. 互评法

学生之间互相评改作文。评改之前教师要将评改的项目，如词语的运用、段与段之间的衔接、文章的开头和结尾等细列给学生，让学生有所依据地评改作文。学生在评改时有问题可以请教教师。教师可以选择一到两个学生，让他们在全班面前进行讲评。最后，教师对学生的讲评做小结。

6. 启发法

教师只在学生作文中应该修改的部分做相应的记号，而不直接给出修改的结果，让学生根据符号的提示进行思考，启发学生自己发现问题并进行改正。学生修改后再将作文交给教师，看有没有改对；如果学生仍不明白错误所在，可以直接向教师请教。教师根据学生修改的情况，将错误或疑问比较集中的地方在全班进行讲评。这种方式的讲评有利于强化学生语言运用的规范意识，提高学生的语言综合应用能力。

第四章　跨文化视角下对外汉语教学模式

第一节　汉语教学模式化概述

一、教学模式及其含义

教学的模式化研究也可以称为对教学模式的研究，属于教学法的中观研究领域。

教学模式一般是指具有典型意义的、标准化的教学或学习范式。国外学术界较有影响的观点是：教学模式是构成课程、选择教材、指导教学活动的一种计划或范式。但国内学者一般把教学模式理解为开展教学活动的一整套方法论体系，是在一定教学思想或教学理论指导下建立起来的较为稳定的教学活动框架和活动程序。可以肯定地说，教学模式既是教学理论的具体化，也是对教学经验的一种系统概括，既可以直接从丰富的教学实践中通过理论概括形成，也可以在一定的理论指导下提出一种假设，经过多次实验后形成。

一般来说，一个完整的教学模式应该包含下列五个基本要素。

（一）理论基础

理论基础指教学模式建立所依据的教学理论或教学思想，即教学模式建立的理论依据，它是反映教学模式内在特征的一个因素。

（二）教学目标

教学目标指教学模式所能达到的教学效果，它是对教学活动在学生身上产生的效果的预先估计和设定，是教学模式构成的一个核心因素，对其他因素有制约作用。

(三) 操作程序

操作程序指教学活动在时间上展开的逻辑步骤以及每个步骤的主要做法等。任何教学模式都具有一套独特的操作程序和步骤，即与之对应的教学活动的基本阶段及其逻辑顺序。教学模式中的操作程序是相对稳定的，但不是一成不变的。

(四) 实现条件（手段和策略）

实现条件指促使教学模式发挥效力的各种条件，如教师、学生、教学内容、手段、时间、空间等的最优化方案。

(五) 评价

评价指评价的方法、标准等。每种教学模式一般都有适合自己特点的评价方法和标准。

从以上的构成要素我们可以看出，教学模式与我们所熟知的教学类型、教学设计等概念在内容上有一定的交叉重叠。教学设计和教学模式是从不同角度、不同功能划分出来的两个概念，教学设计既可以针对某个教学类型，也可以针对具体的教学模式，甚至可以针对专门的课程或课型。教学类型与教学模式是不同范畴、不同层次的两个概念，前者是从教育学、教育管理学角度划分出来的概念，较为宏观、固定，后者则是在课程教学论层次的概念，较为具体、微观，某个教学类型在整体或局部上可以包含多个教学模式，而典型的教学模式有时也可以以个体代替一般，扩大为一种类型。

教学模式有不同的类型，根据教学模式的理论根源，可以将其分为社会型教学模式、信息加工型教学模式、个人型教学模式、行为系统型教学模式等，其中许多教学模式，如皮亚杰（Piaget）的认知发展模式、加涅（Gagne）的累积学习模式、斯金纳（Skinner）的程序教学模式等，都对第二语言教学产生过直接的作用或重大的影响。第二语言教学史实质上也就是语言教学模式的发展史，从较早的直接法、情境教学法、视听法，到影响巨大的交际语言教学法，再到新兴的自然法、暗示法等，或者教学法本身就是一种教学模式，或者教学法由先后多个教学模式组成。

二、对外汉语教学模式分析

所谓的对外汉语教学模式，就是从汉语独特的语言特点和语言应用特点出发，结合第二语言教学的一般性理论和对外汉语教学理论，在汉语教学中形成或提出的教学（学习）范式。这种教学（学习）范式以一定的对外汉语教学或学习理论为依托，围绕特定的教学目标，提出课程教学的具体程式，并对教学的组织和实施提出设计方案。它既是一种形而上理论的反射体，又具体落实到教学中的一招一式，是细化到课堂教学每个具体环节、具有清晰的可操作性的教学范式。

（一）分技能教学模式

这是基础汉语教学阶段的一种教学模式，受听说法、功能法、交际法等多种教学方法的影响。该模式认同交际技能的培养是语言教学的根本目的，认为分技能教学是语言教学的最佳途径，因而该模式主张以汉语交际技能为培养目标，以汉语综合课为教学的核心内容，按照语言技能项目分别设置课程。

（二）语文分开、集中识字教学模式

这是初级阶段针对外国学生学习汉语的一种教学模式。该模式受传统的识字教学方法的启发，结合了汉字以及汉字学习的特点。在教学程序和教学安排上，该模式主张把口语教学和汉字教学分开，先语后文；把汉字教学中的写字教学和识字教学分开，先写后识。

（三）实况视听教学模式

这是中高级教学阶段培养学生新闻视听能力的一种教学模式。该模式借鉴了交际教学法和话语分析的一些主张，提出让学生视听实况材料，培养学生接收真实信息并直接用于实际生活需要的技能。

（四）汉语交际任务教学模式

这是短期汉语教学的一种教学模式。该模式借鉴了交际教学法中的任务式大纲模式，以提高学生的汉语交际能力为目标，以功能意念大纲为基础，从汉语语言交际的实际需要出发，把语言交际内容归纳为一系列交际任务项目，并按语料难易和繁简程度分级。该模式主张以交际任务为教学组织单位，让学生通过大量的交际性操练掌握相应层级和数量的汉语交际任务项目，提高汉语交际能力。

此外，以图片为基础的汉语教学模式、以挖掘潜能为基础的汉语速成教学模式、以语言微技能训练为重点的听说技能训练模式等都是对外汉语教学实践中具有一定典型意义的教学范式或模式设计。

实际上，对外汉语教学实践蕴含着大量的教学模式雏形，这些雏形具备了模式的部分特征并且具有一定的示范意义和明显的应用价值，需要我们去挖掘、开发、梳理。因此，我们有理由进行相关课题的分析研究。

三、进行汉语教学模式化研究的意义

进行汉语教学模式化的研究不仅是教学实践发展的需要，也是教学法理论系统化、完整化的需要；不仅是提高教学质量的需要，也是向海外广泛推广和普及汉语教学的需要。

（一）连接基础研究和教学实践，形成系统一体化研究

部分对汉语教学的研究采取以分析思维为主导的研究方法，割裂基础研究和教学应用研究，重视对教学各部分进行分别、细致的研究，而忽视对各部分关系或者基础与应用的一体化研究。教学模式的研究可以帮助我们从整体上以系统论的视角去综合地认识和探讨教学过程内外部因素之间的关系及其多样化的表现形态，有利于我们形成一体化的系统研究，从而促进对外汉语教学的整体研究水平的提高。

（二）建立自己的品牌、输出规则

教学模式作为一种具有典型示范意义的教学范式，同时具有一种品

牌效应。我国作为汉语的母语国，在推广和普及汉语教学工作中必须建立自己的有说服力的品牌，必须具有国际意识，即国际领先和模式输出意识。近年来，汉语教学的外来模式越来越多，这些模式对我们自身的汉语教学的冲击也逐渐显现。这种冲击从交流和学习的角度来看是大有益处的，但作为汉语教学的母语国，我国应当责无旁贷地占领这一教学领域的制高点，在汉语教学国际化进程中，掌握制定规则、输出规则的主动权。创建新的具有品牌意义的教学模式是我们能够继续引领世界汉语教学潮流的一项重要举措。

（三）缩小与国际第二语言教学法研究水平的差距

第二语言教学实践的发展史实际上就是语言教学模式的发展史，现行的对外汉语教学法与英语作为第二语言教学法的显性差距也主要体现在教学模式的欠缺和不成熟上。创建好的教学模式对优秀品牌教材的编写、优秀教师的培养、品牌课程的形成都有推动作用。

（四）实现教学创新

教学改革与创新是当今任何一种教育项目、教学形式面临着的重大课题。通过对汉语教学的模式化研究，我们可以形成对外汉语教学学术研究和实践应用的新的增长点，不拘一格、大胆创新，形成教学法的不同流派，以适应更广泛的社会和学习需求。

（五）形成规范化、科学化的教学体系，提高教学效率

语言教学是涉及多个主体、多项因素的系统工程，没有一定的规范，教学质量和效果很难得到保证。而教学模式是语言教学观念、理论、原则、方法、技巧等的集中体现，是对具体教学实践活动的一个“标准”规范，创建科学高效的教学模式对提高教学效率和教学质量、促进对外汉语教学水平的整体提高起着关键作用。

（六）教学的最优化解决方案

教学模式必须具有典型示范意义和广泛应用价值，是针对当前的各方面条件提出的一种解决当前任务的最优化方案。随着理论研究的深入

和教学实践的发展，教学模式也将不断推陈出新、改进完善，从而受到使用者的认同。

汉语教学的模式化研究是一个迟到的课题，也是一个极有意义的课题。回顾国际第二语言教学的发展历程，正是其对第二语言教学的模式化研究造就和吸引了无数著名学者。对外汉语教学虽然还只是一个年轻的学科，有许多亟待解决的课题，但从教学模式化角度对本体理论、教学理论、学习理论进行系统研究有特殊的意义，这种研究必将推动对外汉语教学事业的发展。

第二节　基于微信公众号的对外汉语教学模式

随着中国综合国力的增强和国际地位的提升，许多非汉语母语者纷纷学习汉语，推动了高校对外汉语教学的繁荣发展。同时，随着互联网、自媒体的广泛普及，移动自媒体平台成为高校课堂教学的重要工具，许多高校积极探索基于微信公众号的课堂教学模式，在这种情况下“微信公众号＋对外汉语”的教学模式应运而生。从本质上看，基于微信公众号的对外汉语教学是一种充分整合线上教学资源的混合式教学，它能够有效发挥现代信息技术的辅助教学功能，实现线上和线下教学资源的优势互补。为此，高校应当深入探究微信公众号在对外汉语教学中的应用，构建以微信公众号为教学工具的对外汉语教学新模式。

一、微信公众号在对外汉语教学中的重要意义

微信是腾讯公司于 2011 年所推出的社交软件。微信公众号是一种在微信社交平台上的个人或组织账号，分为订阅号和服务号两种形式。用户可以通过微信公众号传播文字、图片、视频、语音等，也可与其他用户进行交流活动和信息沟通。比如，在编辑模式下，管理员能够在微信公众号上发布信息、推送内容、回复留言等；在开发模式下，微信公众号能够生成二维码、获取用户信息、对用户进行分组等。在对外汉语

教学中，微信公众号能够创新教学方式、优化教学资源、丰富教学工具等。

（一）创新对外汉语教学方式

在传统教学模式下，教师多在特定空间中，以“板书＋讲解”的方式开展教学活动，这种教学模式固然能够节省备课时间、提高教学标准化程度等，但也带来学生参与程度低、课堂教学趣味性不足等问题，不利于对外汉语教学效果的提高。基于微信公众号的对外汉语教学模式，能够将微视频、微电影、音频等融入对外汉语教学，以线上交流、网络讨论等方式开展教学互动，使对外汉语教学工具更加丰富。比如，在中国传统思想文化教学中，可以通过微信公众号推送介绍孔子、老子等思想家的短视频或微电影，以生动直观的方式讲述儒家、道家等的思想文化；在汉语练习活动中，可以在微信公众号上推送口语练习、阅读训练等练习题，开展学习交流活动，这些都能够提高对外汉语教学效果。

（二）优化对外汉语教学资源

教学资源是可以为教师所利用的教材、教学资料、教学环境、教学工具等，教学资源的多与寡以及教学资源利用率的高低等直接影响着课程教学效果。官方统计数据显示，2021 年非汉语母语的汉语学习者与对外汉语教师的比例失调严重，师生之间的比例约为 1∶200。这些制约了对外汉语专业的小班化教学，也影响了对外汉语教学效果。同时，许多高校的对外汉语教材、专业资料、课外读物等匮乏，无法为外籍学生提供高质量的教学资源。然而，基于微信公众号的对外汉语教学能够有效缓解对外汉语教学资源匮乏问题，优化对外汉语教学资源配置。比如，教师可以在微信公众号上发布教学视频、学习资料、课后练习等，以视频、音频、文字等方式传播教学内容，从而增强对外汉语教学内容的多样性和灵活性；还可以在微信公众号上发布最新的或与学生实际生活相关的语言材料，引导学生体会中国传统文化的魅力。

（三）创新对外汉语教学工具

微信是能够通过文字、视频、语音等方式交流的社交软件，微信公众号同样有这些基本功能。在对外汉语教学中，微信公众号能够为教师和学生提供“一对一”的线上语音和视频交流，还能够为师生提供“一对多”的线上交流，这些功能大大提高了对外汉语师生的沟通效率，也有利于学生的汉语口语交际能力的提高。比如，教师在微信公众号上通过文字、音频或视频等方式与学生进行交流，为学生提供多元化的汉语交际环境，这有利于培养学生的汉语交际和沟通能力。此外，微信公众号拥有信息推送功能，能够定期为学生推送对外汉语学习资料，建构一种放射状的汉语知识传播方式。教师还可以运用微信公众号的自动回复功能，对常见的汉语学习问题、对外汉语教学重难点等进行自动回复，这样能够极大增强对外汉语教学的针对性。

二、基于微信公众号的对外汉语教学模式建构

（一）以微信公众号组织课前教学

在对外汉语课堂教学前，教师可以在微信公众号上推送教学短视频，将汉语课堂教学的内容、重点、学习任务清单等呈现出来，让学生根据教学短视频和学习任务清单等预习内容、查阅资料，反馈汉语学习中的问题。通过对外汉语教学，多数学生掌握了一些基础的汉语知识，但在中国传统文化、汉语表达能力等方面仍有许多短板。为此，在对外汉语教学中，教师可以用图文并茂、视频与文字相结合的方式设计微信公众号的内容，激发学生对汉语文化的学习兴趣。此外，在课前教学环节，师生之间可以通过微信群、视频号等方式开展学习互动，及时进行对外汉语教学反馈。

（二）加强师生之间的课堂教学互动

在对外汉语课堂上，首先，教师应当根据学生在微信公众号上的预习反馈情况，结合课堂提问、授课前的检测等方式了解学生对教学内容的预习情况，然后开展有针对性的课堂教学活动。其次，教师应当以学习小组、课堂讨论等方式，引导学生共同解决问题，使学生在课堂交流中提高汉语表达能力。在学生交流讨论过程中，教师应当及时发现并纠

正学生在发音、用词、语法规则等方面的不当之处，提高学生的汉语口语水平。最后，教师应当重视师生互动与生生互动，努力营造轻松、愉快的汉语学习氛围，提高学生对外汉语课堂教学的参与度。

（三）通过微信公众号指导课后学习

课堂教学只是基于微信公众号的混合式教学的一部分，课后学习也是基于微信公众号的对外汉语教学模式的重要环节。在课堂教学之后，教师应当利用微信公众号布置与课堂教学内容有关的课后作业，引导学生开展针对性的汉语口语、阅读或写作训练，培养学生的汉语表达能力。比如，教师可以在微信公众号上设置汉字书写、汉语语法、汉语拼音、汉语词典等汉语学习版块，为学生提供差异化、个性化的汉语练习内容。同时，教师还应当通过微信群、视频号等与学生开展汉语学习互动，检查学生的汉语学习情况。此外，为了提高学生对汉语学习的热情，教师还可以在微信公众号开设汉语经典歌曲、汉语小故事、汉语绕口令、看电影学汉语、汉语古诗词等趣味汉语版块，为学生提供趣味性的汉语知识，激发学生的汉语学习兴趣。在整个课后学习环节，教师利用微信公众号加强与学生间的交流与互动，学生通过各种汉语版块的学习，提高自己的汉语表达能力。

（四）通过微信公众号开展学习评价

在以微信公众号为基础的混合式教学中，教师可以利用微信公众号开展对外汉语教学评价，建构线上线下相融合的对外汉语学习评价体系。首先，教师应当将课堂学习、上课出勤、课堂提问等情况作为对外汉语教学评价的重要依据，完善对外汉语教学的线下学习评价。其次，教师应当充分利用微信公众号开展对外汉语学习评价。比如可以将学生的线上作业情况、线上测验成绩、线上学习讨论等作为评价内容，对学生对外汉语学习进行评价。此外，教师可以在微信公众号上设计 HSK（汉语水平考试）的内容版块，为学生提供各种真题练习，如书写、阅读、词汇和语法等。在教学评价过程中，教师应当合理分配线上线下教学的权重，比如可以按照“微信公众号学习情况：课堂教学情况：期末考试成绩＝3∶3∶4”的标准，制定对外汉语教学的评价标准。

三、基于微信公众号的对外汉语教学模式反思

（一）树立以课堂教学为主、微信公众号为辅的教学理念

由于外国学生的汉语基础差、对中国文化了解不多，他们在学习汉语词汇、语法和语音时往往比较吃力。所以，在基于微信公众号开展对外汉语教学中，学生容易养成过度依赖微信公众号的不良习惯。比如，在对外汉语教学中，许多学生上课时间学习不认真、注意力不集中，课后时间埋头苦读，从而产生了事倍功半、本末倒置的教学效果。

显然，在对外汉语教学中，以课堂教学为主的线下教学模式始终是课程教学的主要模式，微信公众号只是对外汉语课堂教学的有效补充。所以，在对外汉语教学中，教师应当正确看待微信公众号的功能，树立以线下课堂教学为主、微信公众号为辅的混合式教学理念。此外，教师要引导学生正确使用微信公众号，而不是将微信公众号作为汉语学习的主要方式。

（二）合理规划对外汉语教学内容，引导学生选择恰当的学习内容

微信公众号能够提供视频、音频、短文等汉语学习资料，为学生提供生动形象、声情并茂的学习内容。但是微信公众号也有许多弊端，例如，微信公众号上的教学内容来源广泛、参差不齐，相关内容并未经过严格的审核和评估，有些内容并不适合对外汉语教学；又如，各种广告和推送内容多，不利于学生的汉语学习。这些都会对对外汉语教学产生不利影响。所以，在对外汉语教学中，教师应当详细讲解微信公众号的使用方法、学习内容、注意事项等，使学生能够正确使用微信公众号。同时，教师应当建立师生线上交流机制，以微信群、微视频等方式为学生答疑解惑。

（三）积极推广微信公众号，引导学生正确看待微信公众号

在传统教学理念影响下，许多教师更倾向于传统的课堂教学模式，

将微信公众号视为“华而不实”的教学工具，不愿在对外汉语教学中使用微信公众号。有些教师认为，运用微信公众号开展对外汉语教学，会影响课堂教学效率，弱化师生之间的深度交流和面对面互动。同时，也有许多外国学生更习惯于使用 Facebook、Twitter 等社交软件，对微信公众号并不熟悉，也不愿使用微信公众号，这些弱化了微信公众号在对外汉语教学中的应用。

所以，在对外汉语教学中，教师应当探索“线上＋线下”的对外汉语教学模式，总结微信公众号在对外汉语教学中的应用。同时，教师应当积极推广微信公众号，耐心讲解微信的使用方法、功能等，解决学生对微信公众号的“水土不服”问题。同时，教师还可以在微信公众号上推送一些趣味性强的学习内容，如成语接龙、绕口令等，或以小程序的方式为学生推送一些汉语知识，这些能够更好地提高学生对微信公众号的认同度。

综上所述，基于微信公众号的对外汉语教学是一种线上线下混合的课程教学模式，这一教学模式不仅能够发挥线下课堂教学的优势，还能够充分利用线上教学资源丰富、教学方法灵活等优势，实现线上线下教学资源的优势互补。在对外汉语教学中，教师应当以微信公众号为辅助工具，推动对外汉语教学模式改革，建构基于微信公众号的混合式教学法。同时，教师在教学过程中应当正视基于微信公众号的混合式教学法的弊端，以趋利避害、扬长避短的方式推动对外汉语教学模式改革，建构线上线下相融合的对外汉语教学体系。

第三节　基于建构主义理论的对外汉语教学模式

本节基于建构主义理论对对外汉语教学模式的改革与实践进行探索，并将对外汉语教学与现代教育技术相结合，以期创新对外汉语教学理念，深化对外汉语教学改革，完善对外汉语教学机制。

一、关于建构主义理论

建构主义（constructivism）也被译作“结构主义”，是学习理论中行为主义发展到认知主义基础上的进一步发展，被誉为当代教育心理学中的一场革命。

建构主义理论的核心是“以学生为中心”，这与传统的教学观念不同。“以学生为中心”强调的是“学”，即学生要主动探索和发现知识，通过主观能动性的发挥自觉建构所学知识的意义；而传统教学观念的“以教师为中心”强调的是“教”，即教师单向进行知识输出，学生被动地接受。这两种教育观念从根本上存在分歧，在此基础上也发展出两种根本对立的学习和教学理论学说。

随着时代的进步和科学技术的发展，多媒体和网络技术为建构主义理论提供了技术支持，建构主义理论所需要的学习环境得以创设，建构主义学习理论教学设计思想得到广泛应用。在实践中，建构主义理论的先进性、科学性和创新性也得到了验证。目前，国际上各学校在开展深化教学改革与实践时普遍将建构主义理论作为其指导性理论。

二、基于建构主义理论的对外汉语教学模式的改革与实践

（一）突破传统，创新教学新理念

在传统的教学观念中，教师全权控制着学生的课程学习，学生只能单向输入，被动地接受教师所传授的知识和理论，学习的主动性和本位性得不到体现，学习的主动性和独立性被完全扼杀。而建构主义理论则倡导学生要进入“自主性、探究性”的学习状态，这种学习状态既要保证专业教师的指导，又要体现以学生为中心，这样才可以起到尊重教师的主导地位和强调学生的主体作用的双重作用。

在实践教学过程中，教师要实现由“以教师为中心”到“以学生为中心”的观念转变，从传统的学习控制者转化为学生学习的指导者。为此，教师的教学任务也要从“教会学生知识”转移到“教会学生学习”

上。教师不仅要教会学生学习的策略，还要创造情境帮助学生灵活地运用所学知识，这与我国古代“授人以鱼，不如授人以渔”的教育理念相契合。

在对外汉语教学中，教师需要培养学生的理解力、想象力和创造力，这样才能使学生更好地感受汉语和中华文化的特殊魅力，激发学生学习汉语的兴趣，促使学生尽快进入“自主性、探究性”的学习状态中，以全面提升学生的学习能力、辨析能力、创新能力和语言综合运用能力。

（二）深入调查，规划教学新目标

教学目标是课堂教学过程中教与学的互动目标，它指引着教学活动实施的方向，也是一切教学活动的出发点和最终归宿。因此，教学目标既与教育目的、培养目标相联系，又与它们有着明显区别。

吕必松先生曾将学生习得第二语言的目的归纳为受教育目的、学术目的、职业目的、职业工具目的和其他目的这五种，不同的学习目的会产生不同的学习心态。此外，外国学生的学习心态也受自身的文化背景、汉语基础等因素影响而呈现不同的态势。

教育心理学指出，影响学生学习第二语言的主要情感因素是动机和态度。第二语言习得理论认为，动机是学生学习成功与否的关键性因素，直接影响着学生对学习的自主性和积极性。因此，在制定对外汉语教学目标之前，需开展外国学生学习汉语的目的与心态的深入调查，通过分析学生学习心态的多层次性与复杂性，最终制定满足不同学生层次要求的教学目标。只有尊重学生和满足学生的需要，激发他们的学习兴趣与热情，才能真正贯彻“以学生为中心”的教学观念，也只有这样才能制定出明确长远的教学目标，并以此为依据切实有效地指导教学工作。

（三）合理规划，设计教学新内容

建构主义理论认为，学习意义的获得，是每个学生以自己原有的知识经验为基础，对新信息重新认识和编码，建构自己的理解。在这一过程中，学生原有的知识经验因为新知识经验的加入而发生调整和改变。

来到中国学习汉语的外国学生虽然年龄、来源国家、教育程度、学习目的等不尽相同，但大部分都是有着成熟思维、独立意识和完整世界观、人生观、价值观的成年人，他们通过多年的语言学习，已掌握了一定的学习规律，而且对于客观事物也有着自己的理解和认知。因此，教师在设计对外汉语教学内容时要合理规划，与时俱进，重视实用性和先进性，既要选择合适的教材、设计有趣的主题，让学生在学习中充分发挥主动性和创造性，提高学生独立探索、自主学习的能力，又能在教学中传播中华文明，引导学生知华、友华、爱华。

(四) 创新实践，探索教学新方法

建构主义理论认为，学生的知识是在一定情境下，借助于他人的帮助（如人与人之间的协作、交流等），通过意义的建构而获得的。而任务驱动法就是一种建立在建构主义教学理论基础上的教学方法。

任务驱动法的特点是以任务为主线、以教师为主导、以学生为主体。以学习任务的形式开展对外汉语教学，能够激发学生的兴趣，有助于提高学生自主探究与协作学习的能力，最终完成对知识的建构。

教师应综合单元教学目标、教学重难点以及学生汉语水平，在课前设计出具有挑战性和探究性的任务。在课堂内，根据学生的特点及其自身的意愿，将全班分为若干学习小组，每组人数 4～6 人。各小组成员共同商讨决定要探究的任务，若有不同的小组选择了同一任务，则小组之间通过互相协商来分配各自要完成的任务。各学习小组内部合理分工，针对任务进行讨论分析。如果任务整体牵涉面较广，就将其分解为若干任务，每个组员负责一部分进行独立探究。如果任务不易划分，那么每个组员都对任务整体进行独立探究。这样既体现了大学生学习的主体地位，也有利于培养学生的独立思考、分析并解决问题的能力。学生独立探究之后，通过对话、商议、争论等形式进行任务协作探究。协作探究活动有益于发展学生的创造性思维和批判性思维，对学生的汉语水平的提高有着显著的作用。

(五) 课外延伸，开发教学新途径

建构主义理论提出，要想实现高级学习的实用目的，需要对同一个教学内容反复多次地进行训练，时间可以不同，地点也可以各异，情境也可以发生转变，但学习目标必须相同的，只是让学生从不同的角度全面了解问题。同样，对外汉语教学也不能仅限于有限的课堂，必须开发教学新途径。

随着科技的发展，网络已经覆盖学生生活的方方面面，教师可以充分利用网络资源的丰富性和便捷性，进一步进行网络课程的开发与建设，将教案、课件、参考书目、试题资料等内容放在网络上，以供学生随时浏览学习。另外，教师可以借助多媒体开展对外汉语互动教学。教师可以借助深受学生喜欢的微博、微信等新媒体，与学生进行互动交流。如上课前教师将授课主题放在微博上，让学生提前了解讲课内容，激发学生的兴趣，而课后再通过微信群、QQ群加强与学生的交流与互动，这样就将有限的课堂教学延伸到无限的网络教学中了。

第四节　基于“后方法”理论的对外汉语教学模式

一、“后方法”教学理论的内涵

“后方法”不是一种类似于语法翻译法、听说法那样的第二语言教学方法，而是通过对第二语言教学“方法时代”的反思和批判，提出的一种全新的语言教学理论。也就是说，它并不是要寻找一种新的替代性的教学方法，而是试图找到一个替代物去替代“方法”本身。“后方法”也被称为“后教学法”，它没有固定的教学方式，也没有具体的教学程序，更多展现出超越教学方法的一面，是一种独特的教学思想和理念。

“后方法”教学理论指导下的教学模式主要以语言学习理论和文化为基础，充分考虑教师的知识水平、学生的学习需求、课程本身的标准

等因素，在此基础上鼓励教师因材施教，提倡学生是学习的主人，重视学生的自主思考和自主学习，在充分考虑教师和学生的实际情况之后灵活采用适当的教学方式。

二、“后方法”理论在对外汉语教学中的具体实践与应用

（一）翻转课堂

翻转课堂是“后方法”在对外汉语教学中的具体实践与应用之一。翻转课堂被认为是传统课堂的一个延伸，它的出现是符合“后方法”教育理论的。因对外汉语教学有其特殊性，翻转课堂是教师在对外汉语教学过程中最常用到的课堂教学方式。学生课前通过网络平台收集课程信息，在课上针对教师提出的问题进行分享交流，教师则通过学生的发言进行总结和提炼，达到有效汉语教学的目的。“后方法”在对外汉语教学中的具体实践与应用除翻转课堂外，还有互动式的对外汉语课堂，表现在师生互动、生生互动等。

（二）丰富多样的教学评价体系

在很长一段时间里，在语言教学的大环境下，教师对于学生学业水平的评定主要依赖于结果性评价，即在语言教学后期通过笔试和简单的面试口语对学生的语言学习进行评价，对于在语言教学过程中学生的过程性努力很少考虑。这不仅不利于对外汉语教学的开展，而且在一定程度上也挫伤了学生学习的积极性和主动性。“后方法”教学理念主张不仅主张教学方式的多样化，也提倡教学评价体系的多样化，强调过程性评价与和终结性评价相结合。目前，在“后方法”教学理念的影响下，对外汉语教学过程中对学生语言学习情况的评价多以过程性评价与终结性评价相结合的方式。其中，过程性评价主要通过课堂表现、阶段性测试、活动小组评价等体现。就教学评价方式看来，教学评价体系更丰富多样，对学生的评价也更全面了。

三、“后方法”理论下对外汉语教学模式建构的意义与作用

（一）促进学生的汉语水平的提高

“后方法”教学理念注重语言锻炼，尤其看重学生语言能力的培养和提高。首先，在“后方法”教学理念指导下，对外汉语课堂教学采用丰富的语言素材，素材的运用不仅能帮助学生更好认识汉语语言的本质，还有利于帮助学生切实感悟到汉语的独特魅力，由此激发学生学习汉语的信心与热情。其次，在“后方法”教学理念指导下，对外汉语课堂注重教学过程中语言情境的创设，鼓励学生积极发言，让学生有机会在课堂学习过程中与教师、与同学进行有意义的语言对话和交流，从而提高汉语口语交际能力。

（二）有利于全面增强学生的文化意识

“后方法”教学理论强调学习要回归现实生活，注重学生的体验。所以，在“后方法”教学理念指导下的对外汉语课堂教学比较注重文化意识的输入，在教学过程中重视开发和整合对外汉语课程资源，挖掘课本中的语言文化价值，并强调课外学习资源对于增强学生文化意识的重要性，强调教师要注重课外资源的收集和整理，而非照搬课本原文内容给学生。这不仅有利于学生学习视野的拓展，也有利于不同学科文化知识的碰撞和交流。所以说，“后方法”教学理念指导下的对外汉语课堂教学有利于全面增强学生的文化意识，促进学生的全面发展。

（三）有利于培养学生的思维品质

“后方法”教学理念指导下的对外汉语课堂教学多采用直观式教学、启发式教学的教学方法。在教学过程中，“后方法”教学理念倡导的学习观主要表现为互动协商、合作探究等，所以在对外汉语教学中，教师需要灵活使用教学方法，如合作式、直观式和启发式等教学方法，培养学生的思维品质。传统的对外汉语教学课堂上，教师普遍存在着一种的理念：学生的汉语水平本来就不高，与其浪费时间让他们错误地练习交

流，还不如教师扮演课堂的主要角色，学生只需认真听并做好笔记即可。这种教学理念是错误的。在对外汉语课堂教学过程中，教师要注意给学生留有足够的分享交流时间，鼓励学生积极用汉语发言，培养他们的语感。另外，教师要善于运用启发式教学方法引起学生对于学习的思考。教师可以给学生提供丰富的汉语学习素材，组织学生通过小组合作学习等方式进行探究，也可以通过设计有意义的活动让学生参与其中，引导学生总结语言学习的规律。在“后方法”教学理念的指导下，学生不仅能掌握更多的汉语知识，其汉语应用能力也会得到显著增强。更重要的是，这样的做法有利于培养学生的思维品质，帮助学生养成良好的学习习惯。

（四）有利于增强学生的学习能力

“后方法”教学理念指导下的对外汉语课堂教学充分肯定学生在教学活动中的主体地位，把学生当成学习的主人来看待。在对外汉语教学过程中，教师的教学设计是围绕着学生展开的，根据学生汉语掌握情况设计合适的教学活动，让学生在量身定制的教学活动中有充分的学习和交流的机会。“后方法”教学理念强调培养学生学习能力的关键在于学生自身，学生的自主学习意识是有效学习汉语的前提。因此，教师要积极引导学生进行独立自主的学习和思考，教给学生学习的方法和策略，帮助他们提高自主学习的能力。所以说，“后方法”教学理念指导下的对外汉语教学有利于增强学生的学习能力。

四、“后方法”教育理论指导下对外汉语教学模式的构建策略

（一）创设语言学习的环境，践行“后方法”理论强调的学习“场”

“后方法”教育理论指导下对外汉语教学强调教学方法的灵活性，要求教师善于根据学情为学生量身定制独特的教学方式，在课堂教学过程中根据学生能力发展水平创设相应学习交流的情境，让学生在交流与

锻炼的过程中掌握汉语知识。传统的上课方式注重教师的单人讲授，师生、生生互动少，学生在课堂学习过程中也几乎没有发言分享的机会，缺乏实践锻炼。在“后方法”教学理论的指导下，教师应转变传统的上课方式，积极创设语言学习环境，不断优化教学方法，提高课堂效率。

（二）创新语言教学方法，践行“后方法”理论强调的教师自主

教师自主，积极创新教学方法。这是后方法教学理论的第二个核心理念。“后方法”教育理论指导下的对外汉语教学注重灵活的教学方式和教学方法，教师要主动选取适合学生汉语学习的教学方式，避免被动选择教学方法。教师的教学方法对教学效果有很大影响，教学方法的恰当应用不仅有利于课堂气氛的活跃，对于学生的长久发展也是有好处的。这就要求教师在平时的教学过程中注意关注学生的成长情况，敢于突破传统的教学理念和教学方法，拒绝“填鸭式”的教学，远离照本宣科的教学。不同的学生适用于不同的教学方法，教师要根据学生的实际情况设计教学过程，可以灵活运用讲授式、情境式、合作式等教学方式，促进对外汉语课堂教学的有效进行。

（三）构建良好师生关系，践行“后方法”理论强调的师生自主

“后方法”教学理论指导下的对外汉语教学强调教师要把学生看作一个积极的主体，学生有自己的自主权。教师与学生之间的关系历来就被认为是重要的关系之一，教师不是被动的知识传授者，学生也不是被动的知识接受者。教师的教学活动需要学生的共同参与，学生有权利参与教学活动，师生关系应该是平等的。在“后方法”教学理念指导下的师生关系是融洽的，教师和学生既是师生，也是朋友。在课堂教学中，教师需要放权，学生需要独立自主，教师与学生应共同致力于构建平等、友好、融洽的合作型师生关系。

总之，“后方法”教学理论要想充分应用到语言教学中，需要教师

转变自己的教学态度，积极创设语言学习的情境，在充分了解学生实际情况的基础上采用合适的教学方法，引导和帮助学生有效学习汉语，培养学生的语言交际能力，同时，也帮助学生养成良好的汉语学习习惯。

第五节　基于 BOPPPS 模式的对外汉语教学

一、BOPPPS 模式概述

BOPPPS 模式源于加拿大教师技能培训工作坊（Instructional Skills Workshop，ISW），是一种以教学目标为导向、以学生为中心的教学模式，其名称源于六个环节的首字母：Bridge-in（导入）、Objective（目标）、Pre-assessment（前测）、Participatory Learning（参与式学习）、Post-assessment（后测）、Summary（总结）。在对外汉语教学课堂教学中运用 BOPPPS 模式有助于革新对外汉语教学方法，提高教学质量和教学效率。

二、基于 BOPPPS 框架的对外汉语课堂教学设计

（一）合理导入课文

导入，即教师简短引入本节课的内容，以激发学生的学习动机。此环节应在学生注意力的第一个高峰期内完成，且须选择合理的导入方式，如：结合生活实际提出经验型导言，加深学生对中国生活常识的了解；抓住时下热点提出共鸣型导言，鼓励学生对热点问题提出自己的看法；顺应学生兴趣提出趣味型导言，引导学生相互交流，增进了解；立足学习本身提出价值型导言，鼓励学生重视汉语知识学习和技能掌握；激发学习潜能提出挑战型导言，引导学生树立学习目标和制订学习计划。

（二）明确学习目标

目标，即让学生明白通过本节课的学习能收获什么知识、掌握什么

技巧。目标的设置应具体且有层次，第一层为知识目标，让学生明白通过本节课可以并且应该掌握什么知识；第二层为技能目标，让学生明白本节课的知识可以转化成哪些技能，可以应用于生活的哪些方面；第三层为情感目标，即在情感上让学生对所学知识、该知识携带的功能以及汉语的价值予以重视。

（三）制定相关前测

前测，即对学生的已有知识进行检测。它除了可以帮助教师了解学生的知识储备并据此调整本节课的讲授计划外，还可以帮助学生回顾旧知识。前测的方式可因需而设，教师可以提出与本节课主题相关的问题让学生讨论，也可以要求学生回忆列举相关字词（“头脑风暴”），还可以设置一些摸底小测试。

（四）开展参与式学习

参与式学习是课堂教学的主体部分，在学生注意力下降时开展参与式学习环节可使学生转变角色，从被动的知识接受者转为主动的知识探索者，避免因注意力不集中而导致学习效率降低。参与式学习应以本节课的学习目标为前提展开，并将前测环节的遗留问题纳入讨论范围内，力求在达到本节课学习目标的同时解决前测遗留问题。在进行参与式学习前，教师需根据学生成绩、性格等对学生进行分组，确保每位学生都参与讨论。在学生讨论过程中，教师应在各小组间轮流参与，以便提供帮助并进行积极引导。参与式学习可采用多种方式展开，如师生讲练、小组/全班讨论、角色扮演、情境模拟等。

（五）制定对应后测

后测是在课文知识学习完成后开展的针对性测试。对学生而言，后测可检验他们的学习效果以及对知识的掌握程度和运用能力，可以反映学生是否达成各级学习目标、是否已解决前测环节的遗留问题；对教师而言，后测可以评估教学效果，对教师的课堂反思和课后改进有着重要意义。后测环节的制定需与学习目标和前测相对应，测试类型可根据具体学习内容进行设计，如字词后测可采用选择、填空的方式，语法后测可采用判断正误、组词成句、修改病句等方式，短文后测可采用简答、观点评述等方式。

（六）总结知识规律

总结是对本节课所学知识的回顾，同时也可对下次授课内容进行延伸预告，起着承上启下的作用。课堂结尾的时间段是学生注意力集中另一个的高峰期，此时间段设置为总结环节可让学生再次清晰认知本节课的知识内容，起到巩固作用。总结的方式较为多样，教师可以列出相关字词、语法点及课文关键字后要求学生进行回忆补充；总结也可以以学生为中心展开，要求学生运用公式法、图表法、对比法等归纳本节课知识。

三、对外汉语课堂采用 BOPPPS 模式的优势

BOPPPS 模式在对外汉语课堂教学中的优势主要体现在以下三点。

（一）BOPPPS 模式符合学生的学习特征

根据对实际课堂的观察，学生的注意力在课堂开始和结束阶段较为集中，课堂中间阶段注意力有所下降。而 BOPPPS 模式在学生的两个注意力集中阶段设置导入、目标、前测环节和后测、总结环节，有助于帮助学生明确学习目标、理解学习内容并接收关键知识；在学生注意力下降阶段设置参与式学习环节，有助于激发学生的学习主动性和培养学生的探索精神，在师生互动中完成课程和知识的学习。

（二）BOPPPS 模式符合学生的学习心理

学生在学习汉语时最关注的是“是什么、怎么用”，而 BOPPPS 模式的知识目标可让学生明白某词、句或语法点的内涵，解决了“是什么”的问题，技能目标和价值目标可让学生明白某词、句或语法点的使用方法和使用环境，解决了“怎么用”的问题，在此目标指导下的课堂教学符合学生的学习心理。

（三）BOPPPS模式在对外汉语课堂具有操作性及高效性

从BOPPPS教学模式本身来说，六个组成部分设置合理，且界限分明、衔接自然，具有较强的可操作性；从实际教学来说，将课程内容按BOPPPS模式分为六个环节，易于教师把握课堂，也易于学生成体系地学习，可以提高教学效率，取得更好的教学效果。

因对外汉语课堂教学具有特殊性，所以根据学生及课堂的具体特点进行合理的教学设计尤为重要，BOPPPS模式注重以学生为中心的参与式教学，为我们提供了借鉴意义。

第六节 基于生态化教学模式的对外汉语教学

一、生态化教学模式的内涵

生态化教学模式的构建与实施离不开具体的课堂教育这一生态系统环境，如果我们要了解什么是生态化教学模式，有必要先对“生态型课堂”的含义给予界定。一些教育界的专家学者从生态学角度出发，把教育视为一个系统，并由此提出“教育生态系统”这一概念。以研究对象作为分类标准，教育生态系统可分为宏观和微观两类层次系统。宏观教育生态系统主要研究国家的整个教育体系，而微观教育生态系统则主要研究学生、教师、教材、教学设备及教室设施等各项课堂教学系统组成因素。如果微观教育生态系统中的各生态因子达到了综合的动态平衡，课堂教学也就实现了生态化发展，那么教学活动所依赖的动态平衡发展的课堂环境可被称为“生态型课堂”。“生态型课堂”致力于把生态学的一些原理运用到课堂教学实践中来，把课堂教学看作一个微观的生态环境，通过研究其生存发展的影响因素，提出相关教学策略与解决方案，使课堂真正发展成为有利于生态个体成长的开放、平衡、可持续的良性生态系统。

生态化教学模式是教学模式健康发展的方向，它既是在生态型课堂的教学实践中逐步探索形成的，同时，它的构建又能反过来促进课堂教学的生态化发展。这一模式以教育生态学为理论指导，实践“以生为本”的教育理念，根据学生的能力层次与知识需求来设计多维互动等多种形式的教学活动，通过平衡若干教学组成要素及生态因子的生态位关系，促进学生在良好的人工条件下自然、和谐、自由地成长发展。模式的构建旨在综合考虑学生学习的内外部压力、学生天性及社会规范要求等客观因素，利用生态主体师生的主观意识和积极情感开发调动教学认知等机体活动，创设和谐平衡、充满关爱的课堂人际氛围，让学生实现拥有独立自主、自由开放、合作探究学习的课堂生态环境。

生态化教学模式在课堂教学的实践应用中不应仅体现在单一教学模式的合理布局上，更要力求实现多种教学模式之间的互补适应、共存发展，即针对不同的教学内容、特定的学生群体、多变的教学环境，选择恰当的教学模式进行资源优势互补。需要注意的是，要真正实现教学模式的生态化，就应该根据实际教学需要来实现各种教学模式的兼容适应，避免简单地把传统先进的教学模式直接套用进新型课堂，造成新一轮的教学失衡。

二、对外汉语生态化教学模式研究

（一）教学理念的生态化

要加快构建对外汉语生态教学模式，最重要的是要对教学理念进行生态化研究，而其中最主要的就是教师教学理念的生态化。要想实现教学理念生态化，首先，教师自身应该保持“生态平衡”，即对外汉语教师的专业知识水平和教学能力应该保持平衡；其次，为了更好地培养学生对汉语的综合运用能力，对外汉语教师必须首先具备该能力。总之，生态教学理念下，学生能力结构的失衡必将归因于教师能力结构的失衡。

教学生态系统的重要组成部分还包括教师的教学态度以及自身的心理特征，其直接影响到学生的学习心理和学习效果。教师应该改变传统的“教师绝对主导”的教学观念，成为“平等中的首席”，教师要更多地尊重学生的意见，调动学生学习的主动性，切实把素质教育贯穿到课堂教学中来，努力去改变“教书”与“育人”脱节的现状，实现从“以语言知识为本”的观念到“以语言运用为本”观念的重大变革。

（二）教学目的的生态化

从生态语言学语义上来说，语言不仅是文化的载体，更是一种生态现象。以往人们对语言所持有的“工具论”和“社会现象论”的观点，都不能完全和细致地揭示语言的本质。为了使人们更清楚地意识到语言的本质，可以尝试将语言放进完整的生态系统中，之后对语言进行进一步的分析与研究，如此人们才能对人类生存的整个社会生态系统有着更好、更深入细致的了解。众所周知，语言是文化的载体，教师在对外汉语教学中不仅要教会学生如何使用汉语这门语言，更重要的是要让学生认识到汉语语言所赖以生存的文化。在对外汉语教学中，明确教学目的十分重要，对外汉语教师的课堂教学不仅要教授语言知识，也要渗透该语言所承载的相关文化信息。

（三）教学方式的生态化

当前对外汉语课堂多采用多媒体网络教学法，这种全新的教学手段既方便了教师的教学，也方便了学生的学习。当前一些学者对自主学习进行了相关研究，发现学生的自主学习能力在学习过程中起着非常重要的作用。自主学习能力也就是学生在学习中对自己负责的能力，以及对学习中遇到的问题进行自主解决的能力。生态语言学非常关注语言本身的多样性和功能性，只有这样语言才能够在人类历史长河中不断地进化和发展。一门语言的多样性既通过不同国家、社会、社会阶层等因素来体现，也体现在语言使用者的不同，因此，学生对语言的自主学习最能够体现汉语语言的生态特点。

（四）教学内容的生态化

教学内容的生态化主要包括听力教学的生态化、口语教学的生态化、阅读教学的生态化和写作教学的生态化。生态语言学更多地强调语言的语义是由其所处的语境决定的。对于对外汉语听力教学，在完成主要的教学任务之后，如果能够播放一首带有字幕且学生比较熟悉的汉语歌曲，不仅能够放松学生紧张的大脑，还可以培养学生对汉语学习的兴趣。在这一环节中，教师可以让学生试着跟唱，或把歌词中出现的重要的关键词，包括动词、名词、形容词等作为听写的内容，此举恰恰体现了生态语言学的互动特点。

口语教学的生态化，主要是指在对外汉语教学中让学生接触到真实的语料。创造性地利用语言材料，有利于拉近学生和汉语环境的距离，从而在一定程度上降低学生学习汉语的难度。因此，教师应在教学中尽可能地为学生创造更加接近汉语的“自然环境”，让学生在自由的氛围中交谈，促使学生掌握汉语交际技巧，提高汉语听说能力。

阅读教学的生态化，主要是指在对外汉语阅读教学中更多地使用计算机软件教学和网络教学。对外汉语教师在讲解汉语阅读的时候，可以运用已知的相关语言学信息增强汉语学习的趣味性，让学生更深入了解到汉语自身的独特和韵味。

写作教学的生态化主要是指在对外汉语教学过程中，充分利用语言的生态互动特点。对外汉语可以把学生的一些典型作品，通过多媒体手段组织学生进行作品分析，让学生自己去发现习作中存在的内容和形式上的特点，并针对典型的内容和形式进行讨论。

（五）教学测试的生态化

科学的教学测试不仅能够在一定程度上激发学生学习汉语的积极性，还可以帮助对外汉语教师提高业务素质和教学质量。此外，教学测试需要尽可能客观地、科学地反映学生的学习成绩，在此过程中教师的过程性管理和评价起着很重要的作用。

三、对外汉语生态化教学模式的建构策略

（一）设定合理的教学目标

制定合理的教学目标是对外汉语教学的重要环节。教学目标要具有可行性和可测性，要考虑到学生的实际水平和课程要求，同时要与教学内容和教学方法相匹配。教师可以根据学生的特点和需求，设定不同层次、不同难度的教学目标，从而提高教学的效果。

例如，在听说教学中，听力目标可以设定为听懂简单的口语表达，如日常对话、新闻报道等；而口语目标可以设定为表达简单的日常用语和情境对话。在阅读教学中，可以设定阅读目标为读懂常见的汉语文章和材料，并理解其中的主要意思和关键信息。在写作教学中，可以设定写作目标为能够写出简单的日常应用文，如电子邮件、请假条、购物清单等。

合理的教学目标不仅能够提高学生的学习兴趣和积极性，还能够指导教学内容和教学方法的选择，帮助教师和学生更好地实现教学目标。

（二）选择开放、多样、动态、整体的教学内容

教学内容指教学过程中与教师和学生发生交互作用，并且服务于教学目标的动态素材。教学过程中，教师和学生可以对教材内容进行取舍、选择。教学内容既包括课堂之内的，也包括课堂之外的。对外汉语第二课堂的建立为学生学习汉语提供了更多的途径，使学生处于更开放的学习环境中。这种开放的系统为学生的学习提供了大量的信息、知识和能量，进而促进了学生个体的内在变化。学生通过参与第二课堂，与外界进行物质和能量的交互作用，促进了语言系统的非线性发展。同时，学生通过参与第二课堂，提高了学习汉语的兴趣，改变了学习进程中的石化现象，改变了敏感的初始学习状况，使学习中的无序朝着有序、稳定、动态的方向发展。

（三）采取多样的教学方式

为了实现对外汉语教学的生态化，采取多样的教学方式是至关重要的。传统的课堂讲授已经不能满足学生的需求，教师需要创新教学方式，根据学生的需求和实际情况选择适合的教学方法，包括但不限于以下几种。

（1）互动式教学：通过讨论、小组活动、角色扮演等方式，增强学生的参与感和学习效果。

（2）多媒体教学：利用电子白板、视频、音频等多媒体手段，丰富课堂内容，提高学生的学习兴趣。

（3）项目式教学：以课程为基础，引导学生自主学习，组织学生开

展课外探究、实践等活动。

(4) 混合式教学：将传统教学和在线教学相结合，使学生可以在不同时间和地点进行学习，提高学习效率和灵活性。

通过采取多样的教学方式，可以更好地满足学生的需求，提高教学效果，推进对外汉语教学的生态化。

(四) 设立多元的评价体系

设立多元的评价体系是优化对外汉语教学生态系统的一个重要举措。传统的对外汉语教学评价体系往往只关注学生的语言知识和技能的掌握情况，而忽略了学生的情感态度、文化素养、学习策略等方面。因此，需要设立一个多元的评价体系，综合考虑学生在语言知识、技能、情感态度、文化素养、学习策略等方面的表现，以更全面、客观地评价学生的汉语学习水平。

多元的评价体系可以包括课堂表现、作业、考试、口语表达、听力理解、阅读理解、写作能力、文化素养等多个方面的评价。例如，在课堂表现方面，可以考虑学生的参与度、学习态度、课堂发言和交流等方面的表现；在作业方面，可以考虑学生的完成质量和时间等方面；在口语表达方面，可以考虑学生的发音、语法、流畅度和语言表达能力等方面；在阅读理解方面，可以考虑学生的阅读速度、理解能力和语言运用能力等方面。这些方面的评价可以结合不同的评价方式，如自我评价、同伴评价、教师评价、作品评价、反思评价等。

通过设立多元的评价体系，不仅可以更全面地评价学生的汉语学习水平，还可以鼓励学生在不同方面发挥自己的潜力，提高学生的自我意识和学习动机。同时，也能够帮助教师更准确地了解学生的学习情况和需求，及时进行调整和改进教学策略，提高教学效果。

四、对外汉语教学生态系统的优化

对外汉语教学生态系统的优化要在坚持可持续发展、整体性、开放性和动态平衡性的原则下，从各个生态因子及其之间的关系入手，采取各种措施和策略，是一个需要全方位推动的复杂过程。在这个过程中，首先要以观念为突破口，因为人的行为都是以思想、观念为指导的，同一件事情在持有不同观念的生态主体的影响下会产生不同的结果，有时甚至截然相反，因此，对外汉语的教学系统的优化应以观念的改变为前提和首要策略。

（一）以学生为本

以学生为本是教育理论中的一个基本原则，也是现代对外汉语教学中的核心观念之一。它的主要思想是将学生置于学习的核心位置，注重满足学生的需求和兴趣，关注学生的个性差异和学习风格，促进学生的全面发展。

在对外汉语教学中，以学生为本的原则可以体现在以下几个方面：

首先，教师应该了解学生的汉语基础水平、学习需求和兴趣爱好，以此为依据制定相应的教学计划和教学策略，使学生的学习更具针对性和个性化。

其次，教师应该尊重学生的主体地位，鼓励学生参与课堂讨论和互动，发挥他们的主动性和创造力，同时帮助他们克服学习中的困难和问题，提高自主学习能力和解决问题的能力。

最后，教师应该倡导多元化的教学方法和资源，结合学生的学习特点和诉求，使用多样化的教学资源和工具，如多媒体课件、互动课堂、学习社区等，帮助学生更好地学习和掌握汉语知识和技能，提高学习效果和满意度。

总之，以学生为本是一种教育理念和实践方法，其本质是让学生在学习过程中真正成为主人，发挥主动性和创造力，实现自我发展和自我实现。在对外汉语教学中，以学生为本的教学理念是一种必要的、现代化的教育理念，它将大幅提升对外汉语教学的质量和效果。

1. 树立“以学生为中心”的思想

对外汉语教学坚持“以学生为中心”，首先要使学生处于整个教学结构的中心，在教师、学生、信息技术、教学活动等生态因子中确立学生的中心地位，各因子都要为学生的学习和全面发展服务。教学目标、教学要求等的制定要以学生为出发点，同时要形成开放、灵活的体系，具体的目标和要求不能一成不变，要随着学生的发展变化进行相应的调整；教师不管是在课前备课、课上组织，还是课下反思，都要做到心中有学生，教学内容的选择、教学活动的组织和教学方法的采用都要以学生的需要和实际情况为出发点；信息技术要服务于学生的学习和发展，防止出现信息技术占据教学中心或仅仅成为教学摆设的现象，合理且充分发挥信息技术的优势才有助于学生教学结构中心地位的确立。

“以学生为中心”还体现在学生的主体地位上。汉语作为一门实践性很强的学科，要求学生的听、说、读、写能力协同发展，要求增强学生对汉语的实际运用能力。这一切都有赖于学生主体地位的确立。首先，教师应当引导学生进行主动的汉语学习。汉语学习的过程应当是学生主动建构知识的过程，教师应当激发学生学习汉语的兴趣，调动学生的积极性，培养学生主动学习的欲望。在教师的引导和多媒体等信息技术的支持下，使汉语学习成为学生掌握知识、技能、方法、策略的自主学习和自我发展的过程，使学生真正成为自己学习的主人。其次，教师要培养学生参与汉语活动的主动性。基于对外汉语实践性的这一特点，学生应当积极主动地参与到各项汉语活动和实践中，发挥主观性、能动性和创造性，通过与他人、与社会的交流提高汉语的运用能力。最后，学生应当是学习的评价主体。汉语学习的评价目的并不是看学生掌握了多少单词、句型和语法，或是教师教学的好坏，而是为了更好地促进学习、提高能力。因此，学生有必要成为评价的主体，一方面了解自己的学习，另一方面学会判断、反思自己的学习，通过学生的自我改进和评定，推动其主动学习。

“以学生为中心”就是要处理好“教”与“学”的关系，以“学”为中心。对对外汉语教学的优化，反对教学中教师的绝对统治地位，反对一味地灌输知识和学生的被动学习。要做到“以学生为中心”，教师应当拥有正确的教学观念，明确教学目标，做学生知识构建和自身发展道路上的引领者；教师应当以学生为对象，摒除僵化的硬性计划的弊端，预留师生共同探索的空间，以学生的实际情况为基础，设计和组织教学；应当考虑如何在教学中提高和锻炼学生汉语的综合应用能力，如何组织有效的语言实践活动，并积极参与到该过程中，在与学生的互动中指导和协助学生完成知识的习得与消化。在信息资源极其丰富的今天，教师还应当具备相应的信息技术知识和技能，帮助学生在庞大的资源系统中去伪存真，吸取对知识建构有益的内容。从学生的角度来讲，也应当首先转变思想观念，培养学习的主动性，使自己从被动接受知识的客体转变为主动构建知识的主体；要认识到语言学习的特点，主动参与到与他人、同伴和社会的交流与交往中，在语言学习的过程中实现多维互动，不断提高汉语学习和语言运用的能力。

“以学生为中心”的学习是基于资源的生态型学习，强调资源的最优化，重视资源的多元性和及时性，要求管理服务的有效性。学生学习资源的选择（包括文本、音频、视频等内容）和信息技术的利用在很大程度上受到客观条件的限制（如缺乏必要的教学和自主学习的设备、系统维护不及时、教学平台不完善，校园网络不畅通、资源更新滞后等），这就要求教师和教学服务人员树立为学生服务的意识，一切以学生的学习、成长为基点，尊重和服务于学生，利用现代信息技术和计算机网络的优势，为学生营造必要和良好的个性化、自主化的学习环境。

2. 树立“培养学生可持续发展”的思想

对外汉语教学中培养学生可持续发展的能力，首先应当帮助学生形成终身学习的愿望和观念。要达到这一目标，对外汉语教学中应当从激发学生的内在学习动机入手，而所谓学习动机，是指学生个体内部促使其从事学习活动的驱动过程，通常表现为渴求学习的强烈愿望、浓厚的求知欲望、认识世界的兴趣、探究事物的好奇心、主动认真的学习态度及高涨的学习积极性等。只有在内部学习动机的作用下，学生才会拥有学习的主动性和创造性，才有利于学生接受知识、学以致用，同时，学生学习的过程才可能变为主动探究、享受知识的过程，才能真正成为生态主体持续学习的源泉。

对外汉语的教学应当把教学重点从语言知识点的讲解转移到教学过程上来，在学习过程中贯穿终身学习的理念，挖掘学生的学习潜能，帮助学生获得学习汉语的方法、策略，培养学生可持续发展的汉语学习能力，其中包括自主学习的能力、语言交际的能力和一定的信息素养。在教学过程中，教师可以采用多种教学方法，提高学生的参与度，使学生在提出问题、分析问题和解决问题的过程中，体会获得知识的过程，积累学习方法，探究汉语学习的规律，掌握汉语自主学习和语言交际的能力及技巧。此外，在当今的信息社会，一定的信息素养也成为学生学习能力的重要组成部分，面对大量的信息，对外汉语教师应当在教学中引导学生如何去搜集信息、选择信息和利用信息，只有具备了一定的信息素养和利用信息技术的能力，才有助于信息技术环境下学生汉语学习能力的发展。学生也只有在拥有了汉语学习的能力，才能在以后的学习、工作和社会生活中不断习得新的知识和技能，迎接新的挑战，实现自我的可持续发展。

学生在对外汉语教学中获得的不仅是知识及相应的运用能力，同时也是学生的素质、人格和情感协同发展的过程，是对完整的人的教育发展过程。教师要尊重学生之间的差异，考虑到不同学生的性格和兴趣，因势利导，赋予学生最大的发展空间，保护学生的创新精神，引导学生的全面发展。此外，对外汉语教师应当着力于师生关系的建设，重视情感因素在教学过程中的重要作用。努力营造轻松和谐的学习氛围，消除学生的焦虑紧张感和师生之间的距离感，建立融洽的师生关系。学生只有感到自由、开放与和谐等积极的氛围，才能更积极有效地投入汉语学习中，也因而能够不断充实自己的知识世界和精神世界，实现“完整”的发展。

对外汉语教学强调在教学过程中注重培养学生可持续发展的能力，同样，在教学评价中也不能忽视这一点。现今大多高校对外汉语教学的评价方式中虽然已经融入了形成性评价的部分，然而不管是从形式、内容还是所占的比重看，都不足以改变传统评价模式的弊端。要实现学生的可持续发展，在形成性评价中不仅要评定学生平时表现，包括课堂活动参与情况、平时测验成绩和作业完成的情况，还评定学生的课外表现，包括第二课堂的组织与参与、社会汉语活动的进行等。要采取多种评价形式，包括观察、访谈、互评、自评等。此外，学生在学习过程中表现出的情感、态度、能力、创造性思维等方面也应当涵盖在评价范围之内。在肯定学生学习成绩的同时，只有承认学生的个性、专长和创造力，并予以鼓励才能最大限度地促进学生的全面发展，也只有在评价中秉承这样的思想才能保证学生可持续发展的动力。

(二) 重视种间的协同进化

对外汉语教学系统是一个由生态主体、教学要素、信息技术和环境因子等组成的有机体，其中任何一个因子的变化都会引起其他因子随之发生相应的变化，这种相互作用、相互影响的进化关系即为协同进化。对外汉语教学作为一个完整的系统，只有其内部各因子（种群）协同发展，才能使整个生态系统达到平衡稳定的状态，而对对外汉语教学系统进行优化就必须重视各因子，即种间的相互作用，促进其协同进化。

对外汉语教师和学生是该系统内最主要的生态主体，也是最重要的种群，因此必须处理好两者之间的关系，建立生态化的师生关系，实现师生的共生和谐。共生是指教师和学生互为条件和依托，师生任何一方的变化都会对另一方造成影响，所以应当以师生共生为目标，建立新型的师生关系。生态学指导下形成的师生关系应当是民主、平等、交往和对话的关系。师生之间应当拒绝上下级关系，进行平等对话，通过沟通和交流表达自己的意见和观点，并通过共同学习形成新的观点。在整个过程中，师生是一个整体，学生和教师都拥有参与权和表达权，享有平等的地位和权利；教师再也不是教学的权威，学生变为自己学习的主人；教师和学生相互尊重、相互促进、共同发展。此外，还应当重视师生情感的协变性，实现协同进化。教师教学中如果精神饱满、情绪高涨，在教学中就会感染和带动学生，激发学生的学习热情；如果教师情绪低落，在教学中会让学生产生倦怠感或抵触情绪。同时，学生在对外汉语教学中的精神状态也会影响到教师的教学情绪和教学能力的发挥。因此，在教学中，教师应当充分发挥精神或情感的作用，构建宽松、民主、平等的心理环境，建设深厚的师生情感，以此推动两者的协同进化。

促进种间的协同进化还必须摆脱限制因子的作用，争取变限制因子为非限制因子。在对外汉语教学中所有的因子都有可能成为限制因子：教室过大或过小会成为制约师生情感建设的限制因子；教师观念的陈旧、教学水平不高、信息技术应用能力弱，都有可能成为影响教学顺利开展、制约学生发展的限制因子；教学经费的短缺会成为制约对外汉语教学资源环境建设的限制因子；计算机多媒体等教学设备的更新维护滞后会成为影响新教学模式推行的限制因子；学生如果对对外汉语学习持有消极态度、运用不当的学习策略等也会成为影响自身发展的限制因子。可见，在实际的教学过程中，各因子都有可能成为影响对外汉语教学的限制因子。面对这种情况，师生要发挥主观能动性，善于查找和分析限制教学及学习的因素，加强师生的交流合作，创造条件，共同消除限制因子的影响，优化种间关系，推动对外汉语教学的动态、良性发展。

第五章　跨文化视角下的对外汉语远程教学

网络技术是当今发展迅速、应用广泛的一种通信技术。网络技术不仅实现了资源共享和人与人之间便利的交流，而且其不受时空限制的特性为发展远程教学提供了前所未有的条件。网络环境下的汉语远程教学有其自身独特的形式和特点。

第一节　现代远程教育概述

一、现代远程教育的基本概念

（一）远程教育的性质和特点

远程教育是应人们的学习和受教育需求而产生的一种教育形式。远程教育的突出特点在于它可以突破时空的限制，提供更多的自由、便利、高效率、低成本的学习机会。

（二）远程教育的发展历程

远程教育发展至今大致经历了三个阶段。早期的远程教育采用函授的形式，师生处于一种准永久性的分离状态，后来逐步发展到以广播电视为主的形式。随着卫星通信和国际互联网等远程通信技术的普及和应用，以及它们在教学中的优越性不断为人们所认识，许多学科相继开展了基于计算机技术、多媒体技术和现代通信技术三者相结合的现代远程教育，以适应信息化社会多层次、多方位的教育需求。

（三）现代远程教育定义

现代远程教育是指学生和教师、学生和教育机构之间主要采用多种媒体手段进行远程教育系统教学和通信联系的教育形式。远程教学和远程学习是远程教育的主要内容。现在我们所说的现代远程教学，是以学生为中心，运用现代传播媒体技术来传递和反馈教学信息的一种教育形式。值得注意的是，远程教育是一个随着时代和技术的发展而不断得到修正的概念。

在人类迈向信息化社会的进程中，教育领域发生了诸多变化。许多学校除了研究新的教学方法以外，还构建了数字化图书馆、数字化校园，出现了没有围墙的学校。可见通过网络等通信技术，学校的职能得到了扩充，使人们足不出户也能掌握学科知识和技能。目前流行的网络教育是远程教育的一种主要形式。如今的现代远程教育兼容了面授、函授和自学等传统教育形式。

二、现代远程教育的类型和特点

远程教育并不是一种新型的教育形式，但它已经随着科学技术和社会的发展变化而逐步演变出多种不同的形式。

（一）现代远程教育的类型

现代远程教育的基本类型有多种分类角度。

1. 按实现技术划分

现代远程教育按实现技术可以分成四种类型，即利用万维网技术的网络系统、利用窄频带的视频会议系统、利用宽频带的实时群播系统、利用交互式视频点播系统。

另外，还可按照信息传输通道分为两种类型：一类是“天网”，即利用卫星地面站，通过卫星传输教学信息，这种方式比较适合实时的单向视频传输；另一类是“地网”，即通过互联网或各类专用线路传送教学信息。

2. 按内容的传送形式划分

现代远程教育按内容的传送形式可以分为三种类型，即网页课程型、实时群播型、虚拟教室型。

3．按信息的传输时效划分

现代远程教育按信息的传输时效可以分为两种类型，即同步传输方式和异步传输方式。

4．按学习模式划分

现代远程教育按学习模式可以分为两种类型，即个别化模式和班组模式。个别化模式以学生自主学习为主，远程教育院校为学生提供个别化的学习自助服务，是一种以学生为中心的远程学习模式。班组学习模式以学生集体学习为主，强调师生人际交互或基于电子通信技术的双向交互，通常是一种以教师为中心的远程教学模式，如课堂直播、双向视频会议等。

5．按教学载体分类

现代远程教育按教学载体可以分成三种类型，即函授教学中的书本资料、无线电广播和电视节目或课程、计算机网络教学资源。

6．按感觉通道分类

现代远程教育按感觉通道可以划分为四种类型，即以印刷媒体为主要信息源的阅读型远程教育模式、以无线电广播为主要信息源的听觉型远程教育模式、以广播电视和卫星电视及闭路电视为主要信息源的视听型远程教育模式、以多媒体计算机网络为主要信息源的视听交互型教学模式。

7．按管理模式分类

现代远程教育按管理模式可以分为两种类型，即独立的远程教育机构和常规院校中的远程教育部门。

（二）现代远程教育的特点

1．超时空性

这是远程教育的本质属性。人们不再受到地理位置和上课时间等因素的制约，任何人可以在任何时间、任何地点接受教育，获取所需要的信息，这是现有的广播电视教学系统远没有达到的全球化目标。学生接收教学信息，既可以根据教学需要采用实时的交互（及时反馈的）方式，也可以使用非实时的交互（非及时反馈的）方式。所谓非实时就是指学生对教学信息的访问不局限于某个时间，在某一个相当长的时间段内（只要该教学信息不被删除），都能自由、有效地访问该信息。

2. 共享性

这是远程教育的基本属性。网络与其他通信媒体相比，最大的优势就在于信息共享。学生可以根据自己的实际情况，任意选择教学资源中的任何课程，并可以从任意章节开始学习。教学资源不再为少数人占有，任何人都可以通过互联网共享各类优秀的网站上的资源。资源共享既可以使学生最大限度地拥有优质的教学资源，有利于他们开阔视野，也可以帮助学生选择适合他的教学资源。

3. 交互性

网络远距离教学与广播电视系统的远程教育相比，交互性是它的主要优势。例如，对于善听者，他可以更多地使用音频教学材料。这一特性给予学生更多自由选择的机会。同时，它为学生提供了利用目的语交流的语言环境和氛围，有助于提高学生学习的积极性和主动性。

4. 更新快且表达方式多样

与传统的书本和光盘等载体形式相比，网络资源的具体内容可以得到及时的更新，而使用方式也可以根据学生的需求及时更新，其低成本和短周期的优势是以往任何形式都无法比拟的。网络资源的表达方式也较书本形式更加多样，较光盘形式而言，不受容量（空间）的限制。例如，就汉语新闻课而言，根据新闻的时效性，可以完全使用教师自主编排、发布于网络的教材。

第二节　对外汉语远程教学

一、对外汉语远程教学的发展现状

20 世纪 90 年代后期是对外汉语远程教学发展的重要的转折点。由于万维网的出现，网上教学越来越方便，许多与汉语教学相关的院校或机构都建立了相关的网站，介绍有关汉语教学的情况，包括课程设置、学位要求和师资情况等。一些对外汉语教师也开始制作网络课件，各种练习和学习资料相继在网上出现，如汉字、拼音、词汇、语法、阅读、测试等多媒体学习材料。

近些年来，利用远程电视会议形式开展的地区性对外汉语远程教学也取得了一定的成效。远程教学形式各有所长，随着硬件技术和软件技术的不断发展，其具体形式也会有所增加或改变。对外汉语远程教学从交互方式来看，可以使用语音、文字、视频；从交互性质来看，可以是实时的，也可以是非实时的；从时效性来看，可以是同步的，也可以是异步的。不同的课程和不同的教学环节对技术的依赖程度是不同的。

二、对外汉语远程教学的形式

目前开展的对外汉语远程教学形式主要有两种，即个体化和以网页为主的网络型教学，群体性和以交互为主的远程电视会议型教学。

（一）个体化和以网页为主的网络型教学

个体化学习模式是基于建构主义学习理论的学习模式。网络型远程教学（网络教学）是指以网络技术为主的远程教学。

1. 利用网络资源学习

最典型的就是以网页为主的网络课件学习。利用网络环境设计的教学课件称为网络课件。网络课件挂接在网页上，网页一般有原始性的和服务性的两种。原始性的汉语教学网页是针对教学需要而设计的网上汉语课程，有的针对听说读写技能，或是汉语字典词典；服务性的网页是与各种汉语教学主页相连接的一种主页，主要是为使用者提供方便。课件中可能包含文字、声音、图片、动画、视频等媒体信息，但动画、音频、视频等媒体信息传输起来相对慢一些。有些课件既包含了学习资料，也包含了相应的练习和测试。有的学校甚至把完整的汉语教材或课程制作成网络课件，学生在网页功能的提示下，通过与系统交互来学习汉语。系统一般具有判断练习正误的功能，学生也可以将练习结果发送给教师，教师批改后再返回给学生。

电脑网络技术发展迅速，以前的网页多以非动态为主，现在的动态网页越来越多，而且更新速度很快。但动态网页也有局限性，它的局限性在于多媒体信息传输量大时（如音视频资料链接），容易造成网络阻塞或等待时间过长；学生的能力不同，在网络中漫游的时候可能会“迷航”，或因操作不熟练造成时间的浪费。

我们必须清醒地认识到，仅将学习材料搬到网上并不意味着实现了远程教学。迄今为止，真正、完全地在网上进行汉语教学或者提供汉语网络教学，并且能认可学分和授予学位的学校还比较少。对外汉语网络教学能否培养出具有一定汉语语言运用能力的学生，有赖于相关技术的解决和教学理论的继续发展。

2. 通过电子邮件交流

通过电子邮件交流，指的是教师可以向学生发放教材、作业，并进行个别辅导；学生也可用电子邮件的方式向教师提交作业或报告，与同学或朋友交流。这种方式对于有一定汉语基础的学生比较适合。他们通过电子邮件将做完的作业发送给教师，教师批改后用电子邮件回复。学生之间也可以通过电子邮件自由地用汉语进行交流。学生可以把文字作业发送给教师，也可以将自己录的汉语音频发送给教师。教师的工作量却比较大，因为教师随时会收到学生的电子邮件，而教师必须及时给予回复。由于语音文件所占空间比较大，有些地区传送起来相对慢一些。

3. 使用网络电话

利用网络电话教学主要是通过网络电话对学生进行口语辅导。辅导的时间为每星期几次，每次多长时间，一般是固定的。学习时，教师和学生同时上网，利用网络电话进行汉语口语练习。这个方法虽然可行，但是缺点在于教师和学生是一对一练习，不能推而广之地应用到一个教师对多个学生的情况。目前，网络上的语音交谈可以克服这一缺点，但是还有一些技术上的问题没有得到完全解决。

4. 使用网络视频交谈

与网络电话相比，网络视频交谈特指有影像的形式。它既可以是有声的，也可以是无声的，根据语言训练的内容选择使用。无论是谈话，还是辩论，学生都会有参与的真实感。其言语输出是有感而发的，而不是单纯地完成教师事先规定的任务。

例如，利用因特网进行的双向视频笔谈式交流（定时聊天、网上聊天）是在同一时间内，让处于不同地点的两个人在电脑屏幕上一边看着对方的表情变化，一边用文字进行交流。交流是实时的，但不是用语音，而是使用键盘通过文字进行交流。这种方式对于具有中高级汉语水平的学生比较适合，因为初学者的语言能力有限，能够在网上讨论的内容和范围也比较有限，而中高级水平的学生识字数和词汇量都比较大，语法运用也相对熟练，可以使用笔谈的方式轻松地与教师交流。这种方式可以实时地看到对方的表情，因此，与非实时的、只用文字交流的方式（如电子邮件）相比，更具直观性；比既传送声音，又传送图像的方式（如电视会议）速度快、费用低，是深受学生喜爱的一种形式。学生可以用汉语谈个人兴趣、专业等，双方在迅速交换话语时，容易互相交流感情，提高学习汉语的兴趣。事后，学生可以将谈话内容用存储工具保存后交给教师，或用电子邮件发送给教师批改。

5. 利用电子布告栏

电子布告栏，即人们通常所说的BBS（Bulletin Board Service）。告示板、论坛、聊天室等，都属于这类形式。学生可以用汉字把问题写在BBS上，或对BBS上别人的问题进行讨论、回答，再写回到BBS上；教师可以随时对学生写在BBS上的汉语加以修改。这也是一种学习汉语的方式。从交流对象的人数看，可以是一对一、一对多、多对多；从交流的角色看，可以是学生与学生，也可以是学生与教师。

这种方式不受时间限制，学生可以在不暴露真实姓名和身份的条件下自由自在地用汉语进行交流。这样的方式可以扩展为一个相互讨论的空间，学生可以在网上开一个使用汉语和汉字交流的网络会议。

以上简述了五种网络型教学的基本形式。理论上讲，网络信息传递是双向的，因为网络中的任何用户既可以是信息的接收者，也可以是信息的发布者。在教学进程中，学生可以通过网络接收教师传来的教学信息，并将反馈信息及时传回给教师；教师根据学生的反馈信息，对他们的学习做进一步的指导。但实际上，网络型汉语教学最大的不足仍在于缺乏语言教学所需的基本成分——有效的交互。在传统课堂里，学生可以看到教师的表情、手势等，但在网络上，如果没有清晰的影像，就会阻碍这种沟通，有人把它称为"疏离感"。但毕竟网络为学生提供了一个语言实践和交流的场所，使学生具有归属感，是以往任何技术手段都难以实现的，在提高学生学习兴趣和促进学生持续性学习方面有一定的作用。

（二）群体性和以交互为主的远程电视会议型教学

远程电视会议型教学是借助通信技术实时传送远端的声音和图像的教学形式，谈话人好像处在一个虚拟的教室当中。汉语远程电视会议型教学的基本形式有如下三种。

1. 远程直播

远程直播是指一个主讲教师在授课的同时，在远端的一个或多个教学点可以通过相应的接收设备同时看到上课的实况。将远程直播应用到汉语教学中，实现了资源共享，使汉语师资缺乏的地区仍然能够享受优秀汉语教师的授课，也使得一个汉语教师可以同时为更多的学生授课。同时，授课的内容也可以保存下来，供学生随时点播。这会提高汉语教学的质量、扩大汉语教学的规模起到积极作用。

各教学点一般配备辅导教师进行辅导，帮助发放学习材料，帮助学生进行分组会话练习等。各教学点的学生都可以向主讲教师提问，但存在人数多而机会少的问题。

2. 远程会话训练

远程会话训练指由一名教师以远程的方式同时面对少数几名学生授课（学生之间也可能处于远程的方式）。远程会话训练比较适用于远程汉语口语教学，它非常接近于面授教学，只不过师生是在荧屏上见面的。教师和学生可以实时看到其他人的影像，同时听到他们的声音。远程电视会议型的会话训练不是以教师、课堂和书本为中心，而是以学生为中心进行教学，教师可以为学生设计一个汉语语言环境，让学生进行会话练习，也可以让学生自主选择感兴趣的话题，用汉语组织谈话内容，在轻松的氛围中训练口语。因此，远程会话训练在教材编写、教材使用等方面应随着学习主体（即学生）的变化而变化。

另一种变体形式是学生与学生之间进行，有一名学生担任采访者，另外的学生扮演受访者，开展会话练习。

3．远程电视讨论

利用远程电视会议系统可以使处于远端的多个会场的人同时参加一个会议，讨论一个共同的问题。为了达到语言训练的目的，各分会场选取的学生不宜太多，否则学生没有什么练习口语的机会。这种方式通常可以在汉语口语小班教学或留学生汉语辩论赛中使用，几个分会场的学生通过远程电视展开会话、辩论、研讨等，在这个过程中彼此能够在大屏幕上看到参加者的反应，听到他们的声音，这种教学方式在汉语会话方面的效果较为明显。远程电视讨论尽管费用高，但是带有较强的直观性（面对面）和实时性（同一时间），因此颇受欢迎。开展这样的活动除了要解决费用问题外，远程讨论的各方还要约定统一的时间、商定讨论的主题、解决相互间因时差带来的不便等问题，所以目前能够开展远程电视讨论或经常开展远程电视讨论的学校并不多。

另一种变体是少数人（至少两人）与少数人之间开展点对点的口语技能训练，可以三组或四组间同时开展，其中每组轮流担任访问者，以采访的形式进行。

电视会议型的特点是：实时性强，互动程度高；但另一方面，设备和传播成本也比较高。网络型与远程电视会议型两种方式的选用，要从经济性、有效性和方便性三个方面来考虑。

成功的远程教学，离不开国际的友好合作。对于现阶段的对外汉语教学来说，进一步开展网络型教学，积极开展远程电视会议型教学是可行的方案，能够为全面开展国际汉语远程教育奠定基础。开展远程教育合作的双方应具备一定的物质保障和教学环境保障。

三、开展汉语远程教学的相关因素

（一）通信技术和汉语信息处理技术

高速宽带网、移动终端和接入卫星线路等信息技术基础建设的不断完善和加强，电脑网络技术的日臻完善，使汉语远程教学成本更低、效率更高、使用更方便、应用更广泛。

在汉语信息处理技术方面，非特定人的汉字手写体识别技术已经有了长足的发展，为实现远程汉字教学奠定了基础。许多互联网公司研制和开发了汉语语音识别和合成技术（远程英语口语测试系统已投入使用），使远程汉语口语教学和远程汉语口语测试得以实现。

（二）语言教学理论和现代教育技术理论

语言教学理论在远程教学模式下将有所发展和延伸，以实现在远程的环境条件下更有效地实施语言教学的目标。

有关现代教育技术对教学理论、教学方法影响的研究越来越多，越来越深入，这对我们今后如何依据教学理论和教学方法来应用现代教育技术指导汉语远程教学具有重要意义。

（三）教师对现代教育技术的认识和相关技能

信息技术的不断发展促使教师不断学习新知识、掌握新技能。这是汉语教师必须面对的问题。

我们相信，随着现代教育技术的不断发展与完善，越来越多的汉语教师会自觉、自愿地投身到汉语远程教学事业中来，使远程汉语教师的队伍不断壮大，水平不断提高。

四、对外汉语网络课程资源的组成

对外汉语网络课程资源包括基础资源库、主导课程库和教学管理控制系统。网络课程的应用不是简单的课程查询，而是包含了教学设计和教学策略；它不是将传统纸质教材搬家，也不是课堂搬家，而是符合学科特性的、具有合理组织结构的教学内容；它不是简单的课件库或音频、视频资源库，而是根据学生的需要提供各种教学指导和教学帮助的教学系统。

（一）基础资源库

基础资源库包括学科资源库、文献教参库、自学软件库、多媒体素材库和习题库，也可统称为教学资源库。

学生利用主导课程自学并与网上互动辅导相结合；教师可以通过教学管理控制系统查看学生的学习情况，对主导课程进行调整，对基础资源库提出补充和完善意见。

（二）主导课程库

主导课程库包括教学任务库和与其配套的各种类型的案例库。教师围绕教学目标设计一些适用于特定学习对象的、有待解决的问题（比如交际任务），通过互联网向学生发布；学生通过分析案例和讨论交流，受到启发和引导，从而进行解答并完成任务。与此同时，主导课程库提供大量的、与完成任务相关的信息化资源供学生在解决问题过程中查阅。因此，网络资源库中的主导课程不仅适用于讲授教学模式，也适用于探究学习、协作学习、讨论学习与个别辅导等教学模式。

（三）教学管理控制系统

网络教学和学习最重要的一个组成部分就是教学管理控制系统，它具有信息自动管理和远程互动处理功能，学生咨询、报名、交费、选课、查询、学籍（历）管理、作业与考试管理等都可以通过网络远程交互通信的方式完成。在实际使用中，它可以实现以下功能。

第一，在教学过程中，尽可能地为学生提供协作学习或讨论学习的机会，使师生之间、学生之间、学生与教学材料之间实现充分的互动。

第二，能为学生提供快速的、有效的教学反馈，即在学生遇到困难时，能适时地为他们提供有助于解决困难的方法或资料。

第三，对于语言教学来说，注重体现人格化品质，能弥补师生因相互分离而产生的情感遗憾。

第四，能对学生的学习状况进行把握，不仅可以有效地管理教学，更重要的是能通过教学实践的实录，不断完善现有的教学系统（也包括教学计划、教学安排或成绩评定等）。

教学管理控制系统对学生学习具有重要作用，具体体现在以下方面。

首先，针对自主学习模式来说，一个设计完备的教学管理控制系统能够按照每个学生对教学的反应分别组织教学和制定教学进度，提供适于他们自主学习的教材和活动。这种学习模式彻底改变了传统教学过程中学生被动接受的状态，使学生处于积极主动的地位，因而能有效地激发学生的学习兴趣和创造性。在学习过程中，可以针对学生的应答情况给予针对性的提示和引导，以因材施教的方式启发学生通过自己的努力获取知识。

其次，针对协作学习和讨论学习模式，教学管理控制系统也有相应的对策。在协作学习模式中，学生可以针对同一学习内容或学习情境，在网上选择真实的竞争对手或以计算机作为竞争对手，开展竞争性学习；可以与多名学生一起，通过分工合作的方式共同完成某个学习任务；可以通过互联网结识有共同兴趣、爱好或学习目标的人，这种伙伴式学习方式使学生在学习过程中不再感到孤独，同伴间互相支持、互相帮助、相互讨论，共同解决问题；还可以通过角色扮演式协作学习系统让不同的学生分别扮演学生和指导者的角色，当学生在解题过程中遇到困难时，指导者帮助学生解决疑难问题，学生在学习过程中可以不断地变换角色，学生负责解决问题，指导者负责检查学生在解题过程中是否有错误。在讨论学习模式中，学生可以针对某项任务，在“讨论室”内讨论，教师和教学系统为学生进行辅导，“讨论室”可以是万维网上的电子布告栏，它具有用户管理、讨论管理、文章讨论、实时讨论、用户留言、电子邮件等功能，学生可以在其中发言，每个人的发言都将即时地被所有参与讨论的学生看到。

参考文献

[1]张颖，赵艳梅，雷敏．现代汉语量词研究与对外汉语教学（第2版）[M]．成都：四川大学出版社，2022.

[2]耿潇．全球化视域下我国高等院校对外汉语教学模式研究[M]．武汉：华中师范大学出版社，2022.

[3]齐沪扬，杜轶．现代汉语虚词研究与对外汉语教学（第9辑）[M]．上海：学林出版社，2022.

[4]孙瑞，许光灿．汉语作为第二语言教学的理论与实践[M]．西安：西安交通大学出版社，2022.

[5]曹文，崔希亮．语音及语音习得研究[M]．北京：北京语言大学出版社，2022.

[6]鲁馨遥．中国传统文化传播视域下的对外汉语教学研究[M]．北京：中华工商联合出版社，2021.

[7]檀晶晶，屠海波，刘畅．对外汉语教学研究[M]．长春：吉林出版集团股份有限公司，2021.

[8]李娅菲．现代汉语语法及对外汉语教学策略[M]．长春：吉林教育出版社，2021.

[9]冀芳．科技汉语[M]．武汉：武汉大学出版社，2021.

[10]黎海情．网络时代下对外汉语教学发展探析[M]．长春：吉林大学出版社，2021.

[11]姜丽萍．汉语课堂教学（第2版）[M]．北京：北京语言大学出版社，2021.

[12]袁庆德．国际汉语教学语法[M]．北京：中国戏剧出版社，2021.

[13]王惠莲.对外汉语教学方法与教学模式的创新实践[M].长春:东北师范大学出版社,2020.
[14]胡晓晏.基于跨文化适应性的对外汉语教学研究[M].长春:吉林人民出版社,2020.
[15]程翠翠,赵昭.融入现代教育技术的对外汉语教学研究[M].北京:九州出版社,2020.
[16]蔡言胜,王红厂.对外汉语教学与研究论集[M].天津:南开大学出版社,2020.
[17]王晓岚.对外汉语教学理论实践探索[M].长春:吉林出版集团股份有限公司,2020.
[18]潘伟斌,聂敬磊,李晓蕾.对外汉语教学实践研究[M].北京:中国纺织出版社,2020.
[19]魏龙欣.跨文化视域下的对外汉语教学探索[M].北京:九州出版社,2020.
[20]邱佳,王亚楠,李法玲.对外汉语词汇与词汇教学研究[M].长春:吉林出版集团股份有限公司,2020.
[21]朱文斌,刘家思,姜兴鲁.国际汉语教学与汉语研究实践报告[M].杭州:浙江工商大学出版社,2020.
[22]李娅菲.对外汉语教学与策略研究[M].延吉:延边大学出版社,2019.
[23]马莹.对外汉语教学创新研究[M].哈尔滨:哈尔滨工业大学出版社,2019.
[24]乐守红.中国传统文化传播与对外汉语教学[M].长春:吉林人民出版社,2019.
[25]刘文燕.中国高校对外汉语教师教学评价模式研究[M].银川:宁夏人民出版社,2019.
[26]江淑青.跨文化背景下对外汉语教育教学研究[M].北京:北京工业大学出版社,2019.
[27]崔式蓉.对外汉语教学研究[M].延吉:延边大学出版社,2019.

[28]赵文书.对外汉语教学与研究[M].南京:南京大学出版社,2019.
[29]赵焕梅,刘松.对外汉语教学专题研究[M].北京:东方出版社,2019.
[30]刘晓军.对外汉语教学策略研究[M].长春:吉林教育出版社,2019.
[31]张占一.对外汉语教学与交际文化探索[M].北京:北京语言大学出版社,2019.
[32]王海燕.二语习得与对外汉语教学探究[M].郑州:郑州大学出版社,2019.
[33]赵娟.对外汉语教学传播路径与跨文化交际模式探究[M].北京:中国水利水电出版社,2019.
[34]刘娟.跨文化视角下的对外汉语教学研究[M].合肥:黄山书社,2019.
[35]高燕.对外汉语词汇教学[M].上海:华东师范大学出版社,2019.
[36]陈夏瑾.对外汉语教学理论与方法研究[M].长春:吉林大学出版社,2019.